LA luz
AL FINAL DEL TÚNEL PUEDES SER
tú

PADRE
ALBERTO
LINERO

LA luz AL FINAL DEL TÚNEL PUEDES SER tú

SIGUE ADELANTE CUANDO TODO SE DERRUMBA

DIANA

Diseño de cubierta: Departamento de Diseño Grupo Planeta
Imagen de cubierta: © Shutterstock

Calle 73 n.º 7-60, Bogotá, D. C.

Primera edición: abril de 2015

ISBN 13: 978-958-42-4430-7
ISBN 10: 958-42-4430-2

Impreso por: Nomos impresores

Contenido

Palabras de paz y de ánimo

Introducción

En mi ministerio presbiteral son muchos los momentos en los que he tenido que compartir situaciones dolorosas y tristes con distintas personas. La muerte de alguien querido, momentos de enfermedad, rupturas familiares, peleas entre padres e hijos son situaciones en las que todos esperamos que alguien nos ayude. Y claro, en nuestro contexto nosotros los ministros eclesiales estamos invitados a acompañar a las personas que pasan por esas duras situaciones.

He aprendido que hay dolores interiores que nadie nos puede quitar, que no hay analgésicos espirituales que permitan paliar esos dolores. Hay un abismo, que parece insuperable, entre la persona que sufre y nosotros, que estamos interesados en ayudarle. A veces me he sentido realmente desarmado frente a situaciones de estas que, por lo desgraciadas, parecen más fuertes que un ejército nuclear. Me siento desarmado porque las palabras no parecen servir para mucho y porque algunas veces el dolor también me hace tambalear a mí mismo. Sin embargo, en mi corazón hay una certeza: la fe, la experiencia espiritual nos brinda unas herramientas que tenemos que aprovechar para enfrentar estas situaciones. Sí. Estoy convencido de que el tener una relación personal con Jesús de Nazaret, conocer su propuesta existencial, saber que ha muerto en la cruz a favor nuestro nos brinda posibilidades valiosas y útiles para esos momentos.

También puedo dar testimonio de que muchas personas no solo han podido superar esas situaciones sino que además han crecido como seres humanos. Me he encontrado con amigos que me dicen: "Tengo que darle gracias a Dios por ese problema que tuve, porque gracias a él soy otro, he crecido en muchas de las dimensiones de mi vida". Han sido experiencias en las que nos hemos podido dar cuenta de que aquello que los hizo llorar y sufrir mucho fue realmente una bendición en su vida porque los hizo crecer.

Ahora, también yo he vivido situaciones de dolor, de enfermedad, de frustración, de tristeza y también he podido sentir cómo la experiencia espiritual me catapulta a una mejor situación. Sí, yo mismo he podido sentir que la experiencia espiritual me da herramientas muy útiles para superar esas situaciones de sufrimiento que he tenido. Esto es, no solo he podido vivir cómo esta experiencia ayuda a los otros, cuando los asisto como presbítero, sino que lo he hecho como víctima de nuestra propia condición débil.

En este contexto escribo estas páginas, tratando de proponer unas reflexiones que ayuden a propiciar una experiencia espiritual capaz de generar fuerza interior, firmeza en las decisiones y el ánimo suficiente para vivir con valentía esos momentos difíciles y poder superarlos. No son fórmulas mágicas, son reflexiones que exigen de cada uno de ustedes apertura, crítica, compresión y decisión de ponerlas en práctica para que puedan serles útiles. Estos pensamientos deben provocar experiencias muy personales con base en las cuales ustedes pueden actuar y construir de mejor manera su respuesta ante la debilidad y la tristeza.

Todas las reflexiones son lecturas libres de algunos textos bíblicos. No son exégesis ni construcciones hermenéuticas académicas. Son lecturas existenciales de relatos que, creo, contienen la verdad de la salvación y por lo mismo iluminan la existencia de cualquiera que los lea. Trato de ser bien coherente en la interpretación de cada uno de los textos, con el fin mostrar en ellos las intuiciones que tengo.

Estoy convencido de que los relatos son capaces de expresar verdades y experiencias humanas que no caben en los conceptos. De alguna manera los relatos nos ponen ante las situaciones humanas más profundas, ante los miedos más fuertes, las alegrías más grandes, con imágenes sencillas pero muy elocuentes. Por eso creo que tenemos que acercarnos a ellos tratando de captar la experiencia humana, con sus diversidades y matices, y no quedarnos en las "maneras" que usan para representarla. Los relatos terminan hablando más de los que leemos el texto que de los personajes que interactúan allí.

Quiero que sean lecturas más espirituales que religiosas; por eso en algunos momentos trato de hablarles también a aquellos que no creen y que por esas cosas de la vida me están leyendo. Soy católico y vivo feliz mi fe, pero considero que lo importante de estos textos es que permiten que toda persona pueda sentirse atrapada, cuestionada e invitada a actuar de una manera diferente para superar las dificultades y ser un mejor ser humano. Sigo pensando, como hace treinta años cuando ingresé al seminario, que la propuesta de Jesús es fascinante para cualquier ser humano que con apertura y sinceridad se acerque a Él.

En último término busco que estas reflexiones generen paz y ánimo en tu vida. Paz, porque sé que es lo primero que tienden a robarse las dificultades; nos preocupamos y asistimos a un terremoto interior que nos hace estar tensos, asustados, angustiados, es decir, sin paz. Y creo que es lo primero que hay que recuperar para salir adelante. Los problemas no se van a superar si no tenemos paz interior. Hay que aprender que la paz no significa ausencia de problemas sino capacidad de estar viviendo en armonía conmigo mismo, con el entorno y con Dios, a pesar de la batalla que se esté librando con los problemas.

Y claro, también quiero que sean palabras de ánimo. Que te llenen de fuerza para seguir adelante, para buscar soluciones, para tomar decisiones y actuar de la mejor manera. Espero que cada uno de los relatos te ayude a estar animado para continuar. Que las ideas allí expuestas, que las experiencias humanas allí compartidas te generen ese fuego interior que se requiere para no darse por vencido ante ninguna de las situaciones de la vida, así sean muy complejas.

Son seis capítulos, cada uno de los cuales trata de leer un texto bíblico que nos proponga alternativas para mejorar en la situación que vivimos. En el primero, "La audacia, clave de superación" (Marcos 1, 40-45), trato de mostrar cómo, sin poder romper paradigmas mentales, no podremos dar los pasos que se requieren para salir vencedores de los problemas de enfermedad y de marginación en los que podemos estar.

En el segundo, "Los amigos, un apoyo en los momentos de desesperación" (Marcos 2, 1-12), intento expresar la importancia de los buenos amigos en los momentos más difíciles de la vida. Ellos son bendición para nosotros porque no solo nos ayudan a que la alegría se multiplique sino que hacen que las tristezas se dividan. Siempre he quedado impactado por esos amigos anónimos que ayudan a este hermano a llegar ante Jesús.

En el tercer capítulo, "Las dificultades: tiempo de lamentación, no de queja" (Job), quiero mostrar cómo los hombres tenemos que sobreponernos a todas las situaciones difíciles que afrontamos y aprender a enfrentar nuestra propia condición; echo mano de la figura de Job, una construcción literaria que aglomera en un personaje todas las circunstancias difíciles por las que pasamos los humanos.

En el cuarto, "Conquistando soluciones" (Josué), trato de dejar claro que las soluciones no caen del cielo, sino que hay que conquistarlas y encontrarlas. Para ello tomo como pretexto la conquista de la Tierra Prometida del pueblo liderado por Josué. El relato es fruto de su época y está construido sobre unas categorías culturales que están lejos de nosotros pero igual nos dejan clara la experiencia humana que necesitamos para enfrentar nuestros problemas.

En el quinto capítulo, "Derramando la vida" (Marcos 5, 24-34), aprovechando la figura de la hemorroísa, propongo comprender que la vida se tiene que disfrutar y nunca perder o botar, como pueden estar haciendo muchas de las personas que me leen. La vida se nos ha dado para que la disfrutemos y seamos felices.

En el sexto capítulo, "La dificultad: oportunidad de transformación" (Marcos 10, 46-52), mirando a Bartimeo procuro mostrar cómo los hombres, cuando somos capaces de aceptar nuestras dificultades y las enfrentamos con las actitudes correctas, podemos vivir un proceso de transformación, y así ser mejores, como humanos que buscan felicidad.

Todos los capítulos los termino con una oración muy personal que tiene como objetivo provocar la oración de ustedes. Espero que esas palabras dichas al Dios de la vida, por mí, ocasionen que ustedes también quieran hablarle a Él, o que por lo menos puedan tener un momento de silencio y de pausa para escucharse ustedes y si es posible escucharlo a Él, el Señor.

Eso es lo que puedes esperar de este texto. Estoy seguro de que será una buena experiencia para ti. Gracias por darme la oportunidad de exponerte mis ideas y mis reflexiones. Te pido la benevolente actitud de un lector comprensivo que deja que el autor presente sus ideas antes de hacer cualquier crítica. Sé que podrás no estar de acuerdo con algunas cosas, pero te pido la apertura necesaria para comprender y, claro, luego sí reaccionar desde tu corazón y tu cerebro frente a lo que aquí se comparte.

Gracias a cada uno de los Linero Gómez, que me ayudan con sus palabras, sus acciones, sus preguntas, sus dificultades, sus triunfos a entender mejor la vida y poder hablar con tranquilidad de ella. Gracias a todos mis amigos, en especial al padre Jader Igirio y a Lyliam Palacio, que fueron los primeros en leer las versiones preliminares de estas reflexiones y compartir conmigo sus ideas y sus maneras de entenderlas.

Pido a Dios que los bendiga y les ayude en cada una de sus batallas; estoy seguro de que saldrán adelante y que serán felices. Nos seguimos encontrando en la oración. Saludos y, de nuevo, gracias por permitirme compartir con ustedes mis reflexiones.

Alberto Linero Gómez, eudista
@PLinero
Tenjo (Cundinamarca), 25 de febrero de 2015

Capítulo 1

Si quieres, puedes sanarme

¿Quién no se ha sentido rechazado, marginado, olvidado? Todos en algún momento de la vida hemos experimentado esta sensación de no pertenecer a ningún lado. De estar fuera de la comunidad. De no importarle a nadie. De mucho dolor porque se siente una exclusión. Ese rechazo puede ser consecuencia de una equivocación nuestra, de una situación que se escapa de nuestro control, como por ejemplo una enfermedad que no cabe en las categorías que se están usando en ese momento en el grupo. El rechazo nos produce dolor, tristeza y hasta podemos llegar a sentirnos enfermos. En esta oportunidad me pregunto: ¿qué actitudes adoptar en los momentos de tristeza, de enfermedad y de dolor? En el Evangelio de Marcos se nos presenta un pequeño relato que nos puede ayudar a comprender cuáles son las actitudes que debemos asumir en ellos:

> Vino a él un leproso, rogándole; e hincada la rodilla, le dijo: Si quieres, puedes limpiarme. Y Jesús, teniendo misericordia de él, extendió la mano y le tocó, y le dijo: Quiero, sé limpio. Y así que él hubo hablado, al instante la lepra se fue de aquel, y quedó limpio (Marcos 1, 40-42).

Centremos nuestra mirada en el leproso, que puede encarnar la situación que nosotros estamos viviendo en este momento de dolor, tristeza, decepción, frustración, marginación, miedo y todo lo que podemos experimentar en circunstancias difíciles. Sabemos qué significa para el mundo bíblico ser leproso: es ser marginado. El leproso es alguien impuro. En la creencia del Antiguo Testamento se hacía una directa relación entre enfermedad y pecado; si estaba enfermo de esa manera es porque era un pecador. Todos tenían que apartarse de él; no hacerlo significaba ser solidario con su pecado, y por eso es un marginado. Podríamos decir que es alguien que experimenta una triple marginación:

1. *Está marginado religiosamente.* Todos consideran que su enfermedad es fruto de su pecado. Ellos creen que está así porque Dios no lo quiere, porque su comportamiento ha sido el que Dios no quiere. Por eso piensan que lo declaran "impuro", es decir, lo presentan como alguien que no puede rendir culto a Dios, cuya situación es de incompatibilidad con el servicio de Dios, que es santo (Levítico 13).
2. *Está marginado socialmente.* Es un excomulgado. No puede participar de la vida social. A este se le acaban todas las relaciones interpersonales. Todos los que forman parte de sus círculos cercanos se apartan de él, ya que lo consideran muerto.
3. *Está marginado personalmente.* Su aspecto debe implicar que se rechace a sí mismo. Su situación de descomposición, sus dolores deben golpear su autoestima hasta casi destruirla. Él no debe estar feliz de ser quien es. Seguro también se repudia.

La situación del leproso expresa el dolor más profundo del ser humano. En él se resumen muchas de las circunstancias difíciles que vivimos. Experimenta el rechazo y el desprecio social, considera que ni siquiera Dios lo ama porque siente que Él también lo rechaza; asiste conscientemente a la putrefacción de su cuerpo, ve cómo se va destruyendo poco a poco.

Muy probablemente estás teniendo algunas de estas experiencias por estos días o, tal vez, todo eso es lo que tú estás sintiendo. Días difíciles, porque estás sufriendo enfermedad, ruptura de las relaciones interpersonales más importantes para ti, falta de trabajo, miedo ante lo que se presenta incomprensible, inabarcable. Es posible que te sientas rechazado y marginado por la situación que vives; con certeza te has cuestionado por qué estás pasando por esto y quisieras no tener que hacerlo.

Puedes sentirte como el leproso y aunque no tengas su enfermedad es probable que te estés preguntando dónde está tu Dios y pienses que el mal que estás padeciendo muestra que Él te ha abandonado; cuestionas el significado de tu fe en medio de toda esa situación. Es como si el discurso religioso no pudiera iluminar la situación que estás viviendo. Lo que escuchas de Dios no te llena ni alcanza a sostenerte frente a los embates del dolor, de la enfermedad, de la soledad, de la tristeza. Infelizmente, algunas veces el discurso religioso puede volverse causa de más dolor, como lo era para el leproso. Porque nos hace sentir culpables de lo que vivimos y nos sitúa frente a un posible castigo.

Seguro también estás cuestionando tus relaciones interpersonales. No entiendes el comportamiento de algunas personas que amas y que han sido tan importantes para ti. No alcanzas a captar por qué actúan de esa manera, por qué la traición, la deslealtad. Recibir de parte ellas el rechazo, el silencio, la frialdad no es lo que esperabas y eso te hace sufrir en este momento. No hay nada peor que poner la confianza en las manos de otro y ver cómo esta es despedazada.

Seguro todo esto te hace sentir que no vales nada. Crees que no eres importante. Consideras que tu vida no tiene sentido. Las dificultades y, sobre todo, no poder resolverlas nos hacen sentir incapaces y golpean de manera muy fuerte nuestra autoestima. Nos hacen creer que no tenemos ninguna posibilidad de seguir adelante.

Es lo que puedes estar viviendo tú, que me lees en este momento. ¿Qué hacer? Creo que lo que hace el leproso del relato puede ayudarnos a pensar y a tratar de responder a todas las cosas que estás padeciendo. Es tu decisión. Eres tú el que tiene que tomar las determinaciones.

¿Cómo actúa el leproso? El pequeño relato concentra en tres acciones el proceder del hombre enfermo: acercarse a Jesús, adorarlo y suplicarle. Creo que estos tres actos pueden ser tuyos también en este momento.

"Sale al encuentro de Jesús"

Este leproso rompe con las reglas establecidas en ese momento. Él no debe acercarse a nadie, ya que pone en riesgo de exclusión social y religiosa a las personas que acepten estar cerca de él. Pero es valiente y sale en busca de una solución para su dificultad. Indudablemente es consciente del rechazo que puede experimentar. Él se siente mal, se sabe marginado, sufre las consecuencias de su enfermedad, pero entiende que tiene que salir adelante, que debe buscar una respuesta a su situación. Esta es una actitud fundamental. Por muy mal que se esté, no se puede renunciar a la posibilidad de encontrar una salida, siempre hay que estar atento a hallar un camino para seguir adelante.

El sentirse marginado, el padecer dolores, el estar triste no puede imposibilitarnos la búsqueda. Esa solución la encuentra cada uno. No cae del cielo ni nos la da otra persona. Es una exploración personal, una decisión muy íntima. Muchos pueden inspirarte, pero la determinación es tuya. Nadie puede hacerlo por ti, esa es tu tarea y no puedes soslayarla.

Me gusta esta actitud del leproso porque considero que algunos están esperando sentir las ganas para después actuar. Pienso, por ejemplo, en los que tienen una herida en su corazón porque les han sido infieles y están a la espera del deseo de perdonar para sanar su herida, sin darse cuenta de que el perdón es una elección de cada uno. Si no se levanta y decide perdonar, asumiendo las actitudes necesarias para esto, no podrá nunca experimentar paz en su interior. El rencor, a veces, resulta ser el veneno que nos tomamos para que otro se muera, y no nos liberamos de esa emoción negativa porque no llevamos a cabo los actos que exige la determinación de recordar sin dolor. Creo que ese es el verdadero perdón.

La decisión que toma el leproso es valiente, ya que implica correr varios riesgos. Uno, tiene que salir de sí, tiene que romper su costumbre, su "cómoda" situación de víctima, y lanzarse hacia lo desconocido. Muchas personas, a pesar del dolor que viven, tienen miedo de ir más allá de su zona de confort. Prefieren seguir sufriendo que dejar a un lado lo que están padeciendo. Siempre, salir implica renunciar a algo de lo que se tiene. Muchos están habituados a su condición de víctimas y sienten miedo de acabar con ella. Lo peor que nos puede pasar es acostumbrarnos a la "mala situación". Todos tenemos que ser lo suficientemente valientes para salir de ella. Asumiendo el riesgo de no alcanzar todo lo que esperamos y queremos.

Por otro lado, el leproso asume el riesgo de ser rechazado por Jesús. Este hombre va en busca de Él, sabiendo que puede ser repudiado. Es un ser audaz y valiente. Nadie puede relacionarse con él sin quedar manchado. Todos tienen miedo de ser impuros y por ello nadie lo aceptaría. Muchos temen dar pasos hacia delante porque no saben lo que encontrarán. Tienen pavor de ser rechazados, de estar en una situación peor que la actual y por eso prefieren quedarse quietos, adaptarse al dolor, a la tristeza, a la decepción.

El miedo muchas veces nos mantiene atados en esa zona que está entre la realidad y el deseo, esto es, entre nuestro problema y la solución a esa dificultad que no nos permite ser felices. La gente que tiene temor se queda añorando cosas que nunca decide ir a buscar; los que lo sienten hablan de "algún día...", pero ese día nunca llega, no existe, porque mientras no se arriesguen a tomar las actitudes necesarias no podrán transformar su situación actual. El miedo también distorsiona la realidad, hace ver los problemas mucho más grandes de lo que son; las personas que lo experimentan siempre se ponen límites a sí mismas, creyendo que no van a lograr aquello que necesitan, o se limitan por lo que les dicen los demás: "no puedes", "no sirves", "eso es imposible".

Estoy seguro de que estamos invitados a ser capaces de salir de nuestra situación valientemente, asumiendo todos los riesgos, sin miedo y con decisión. Que el leproso vaya al encuentro con Jesús implica que ha asumido su condición y quiere superarla; él cree que en Jesús está la respuesta. Sin duda, no se está lanzando con los ojos cerrados, pues ha escuchado hablar de Jesús, de su poder sanador, de su actitud misericordiosa de acogida, y por eso se atreve. Hay que ser valerosos pero inteligentes. Se corren riesgos luego de hacer los mínimos análisis de la situación. No se trata de actuar con una venda en los ojos y olvidándonos de que somos seres reflexivos.

Estoy convencido de que sin esta actitud de salir, de ir más allá, de romper con nuestra zona de confort, de estallar el paradigma en el que estamos no podremos seguir adelante. Estamos acostumbrados a que se nos acerquen y nos "consuelen" con palabras de resignación. No es lo que quiero en este momento. Ahora lo que quiero es invitarte a tomar decisiones valientes, a escoger la salida hacia el porvenir, a asumir una actitud distinta sobre la vida, a no dejarte vencer por lo que estás viviendo. Sal de ti, encuentra otras posibilidades, mira otros espacios, escucha otros discursos, pero sal, no dejes que esta situación de dolor, de tristeza, de decepción, de desesperanza te haga vivir en ella para siempre.

Salir al encuentro implica actitudes que vale la pena revisar, así sea rápidamente:

- *Conciencia*. Hay que saber en dónde y cómo estoy. No puedo vivir mi circunstancia sin comprenderla. Sin tener claro cuáles son los problemas que estoy padeciendo y los dolores que me atormentan. No salimos de una realidad si no tomamos conciencia de que nos está haciendo sufrir. El leproso sale al encuentro de Jesús porque sabe que su situación es la peor, y tiene esperanza de encontrar algo mejor.

- *Apertura*. Es necesario estar abierto a lo nuevo, a lo que se va a conocer, a lo que no tengo en este momento. No hay opciones distintas si no soy receptivo a ellas. Es necesario que te abras a posibilidades desconocidas. Si alguien está cerrado a todo lo nuevo, no tiene sentido que trate de salir de su situación. Porque solo podrá descubrir caminos de solución si está abierto a ellos. Son muchas las personas que se quedan en su estado porque están cerradas a cualquier otra realidad que no sea la que están viviendo. Creen que la vida se agota en lo que ellos conocen y saben.
- *Esperanza*. Es necesario tener la certeza de que siempre nos va a ir mejor, de que el futuro será mejor que el presente que estamos viviendo. No podemos dejarnos ahogar en la espiral de negativismo que se desata con las dificultades. Hay que sostener la esperanza. Hay que creer y confiar. Si sales al encuentro de Jesús, sé que en Él habrá una respuesta a tu búsqueda.
- *Decisión*. No basta con saber hacer lo que hay que hacer, es necesario hacerlo. Muchos entienden que están en una situación que tienen que cambiar, pero no lo hacen, por cualquier razón que justifica quedarse en ella. Algunas veces no se ve el cómo, otras se trata de falta de fuerza interior para lanzarse. Se necesita carácter para salir adelante en los momentos difíciles de la vida. Hay que sobreponerse a los miedos interiores y a los enemigos imaginarios que nuestra paranoia y baja autoestima

generan al ir en búsqueda de una respuesta a nuestra situación.

Ese hacerse notar ante Jesús, ese tratar de relacionarse con Él, ese aproximarse a Él expresan la decisión del leproso de encontrar una reparación a su problema. Detrás de esa decisión debe haber todo un conocimiento de Jesús; el leproso tiene que haber oído lo que puede hacer este hombre, seguro conoce que Él es la buena noticia para los hombres. De todas formas, no quisiera centrarme en la experiencia de fe que se debió dar allí, en ese encuentro, sino en la actitud de salir en busca de ayuda.

Esa actitud la puede tener cualquier ser humano que esté pasando por una situación difícil. Es tomar la iniciativa y hacerse sujeto de la propia existencia. En algunos casos solo esa decisión ocasiona cambios de crecimiento y procesos de sanación, ya que muchas veces la difícil condición en la que se está es producto de la pasividad que se tiene en la vida.

"Arrodillándose delante de Él"

El relato presenta la segunda actitud en términos de un gesto corporal. El arrodillarse o postrarse delante de Él expresa una actitud interior de adoración. El leproso lo reconoce como su Señor. Es importante que, en medio de su situación de desesperación, de marginación, él concentre todo su amor, toda su confianza en una persona: Jesús, el Señor.

Uno de los problemas más serios que enfrentamos en los momentos de dificultad es que perdemos la confianza.

No tenemos nada en qué apoyarnos. Se nos ha desaparecido el piso y por eso experimentamos un vacío contante. Las situaciones de frustración, desprecio, rechazo nos hacen creer que todo está perdido y que no hay nada a lo cual asirse. Vivir sin ese "soporte" nos hunde en el sinsentido. Esa circunstancia hace que los problemas sean aún más grandes y todo se vea oscuro, sin ninguna solución en el horizonte.

La decisión del leproso de poner toda su confianza en la persona de Jesús nos muestra un camino. Todos esos sentimientos dispersos que hay en su corazón son enfocados en un acto de fe, en un acto de adoración. Seguro ha oído hablar de Jesús, debe haber una historia compartida que ahora le permite al leproso confiarse totalmente a este hombre.

Otro de los problemas en los momentos de dificultad es que nos encontramos fragmentados. Nuestras fuerzas están disgregadas. No hay nada que las una y las haga ir hacia el mismo lado. No hay voluntad para salir adelante porque no se ve un camino que valga la pena. No hay ánimo porque todas las energías se gastan en quejarse, en rebelarse pasivamente contra lo que está sucediendo. No hay un horizonte en el cual creer porque las lágrimas cierran los ojos y no se puede ver más allá del dolor, la tristeza, la enfermedad que nos rodea.

Debemos tener en cuenta que la percepción de la realidad de una persona que está experimentando un dolor es diferente, porque su situación le hace ver cosas que, tal vez, no son del tamaño que imagina. Muchas veces nuestra mirada no está determinada por lo que está a nuestro alrededor, sino por lo que llevamos dentro; es eso lo que condiciona el entorno y nos hace vulnerables a cualquier cosa. Una persona que experimenta dolor se siente limitada, cree que ya nada puede hacer para transformar su estado, considera que todo le sale mal y pareciera que los problemas han caído juntos de una sola vez, como si una avalancha de dificultades golpearan su vida, aunque sean problemas sencillos que todos los seres humanos tenemos cotidianamente.

El que vive esta coyuntura tiene que encontrar algo que le permita aunar todas las fuerzas de su ser. Tiene que focalizarse en un punto que le ayude a volver a creer, que le alimente la esperanza, que le haga soñar y lo impulse a actuar. Sin eso no hay posibilidades, el quejarse se vuelve la única salida. No tiene que ser estrictamente una realidad religiosa. Pero sí una realidad espiritual. Esto es, algo que le haga ir más allá de sus límites, que le haga trascender comprendiendo que el sentido de la vida siempre está más allá. Algunos se aferran al futuro de su familia y desde ella comienzan a juntar sus fuerzas para enfrentar el problema que están viviendo. Otros lo hacen por sus propios sueños, por esos que desde niños los alentaron y que el presente no les puede quitar. No falta quien se lo imponga como un logro personal y luche por alcanzarlo.

Por eso, quien sufre tiene que trascender. Tiene que darse cuenta de que no todo se termina en ese momento de la existencia y que siempre hay que dar la batalla. Tiene que encontrar una razón, un sentimiento para avanzar. Debe poder enfocarse en una realidad que le permita creer que es posible. Mientras esto no suceda, las fuerzas se perderán aisladamente como quien malgasta lo que Dios le ha dado.

En el universo del relato, ese punto que permite la ilusión, la esperanza del leproso, es Jesús. El Evangelio lo ha presentado como el Mesías (Cristo) y el Hijo de Dios (Marcos 1, 1). Representa la presencia de Dios para ellos y, por lo mismo, la derrota del mal. El leproso lo descubre como quien puede tener respuestas para su situación. Él sabe que su palabra tiene poder y que transforma la realidad. Toda su esperanza la focaliza en ese hombre. El creer que en Él hay una solución para su vida le hace juntar todas las fuerzas y salir al encuentro. El que antes aceptaba su marginación con resignación ahora se lanza hacia Él, y lo puede hacer porque Él se le manifiesta como una respuesta. Saber que Jesús es poderoso, esto es, que cuenta con la presencia de Dios para hacer signos de poder, le hace dar el paso de ir a buscarlo. La fe se le vuelve una razón para arriesgarse, para no quedarse quieto, para rebelarse activamente contra su estado; para dejar de quejarse y tratar de transformar, con base en su relación con Él, su vida misma.

Ese confiar en Jesús lo impulsa a vivir de una manera diferente. Esto es lo que necesita mucha gente, tener en quién confiar, recobrar la seguridad destrozada por esa circunstancia difícil; ya que teniendo como fundamento esa confianza se pueden aunar las fuerzas para actuar y dar los pasos que transforman la vida. Estoy seguro de que la sanación del leproso comienza en el mismo momento en el que vence su miedo y su paradigma de víctima aislada. Su audacia comienza a ser ya el primer paso de su alivio. El que antes no se acercaba a nadie, ahora intenta acercarse a uno en quien cree que está su sanación.

Adorar de alguna manera es reconocer a Dios presente en la persona de Jesús[1]. Es comprender que Dios está ahí para mí. Es una captación del absoluto en medio de todo lo relativo que estoy viviendo, y por eso está expresado con el gesto de arrodillarse, porque de alguna manera manifiesta sumisión ante lo que sé que me desborda. No es de extrañar aquí el temor como ese respeto ante lo divino, como esa conciencia de que estamos ante algo que va más allá de nuestra condición.

Esta es una experiencia que no se puede comprender si no se vive; ya que no es comunicable a través de conceptos y argumentos, por lo que se trata de expresar siempre a través de símbolos, de relatos, de imágenes literarias. Es un estar a disposición de Jesús, lo que supone una aceptación de la propia situación. El arrodillarse frente a Él significa: acepto lo que tú decidas. Lo cual implica que ya se ha asumido la condición actual y por eso se está en disposición de ser libre frente a ella. La aceptación es fundamental en todo el proceso de vencer las dificultades, los problemas que tenemos. Mientras nos neguemos a esa realidad, mientras creamos que cerrar los ojos y decir que esa realidad no existe, estaremos a su merced y no podremos vencerla. La aceptación nos hace totalmente libres para continuar en la vida.

---

1 Por eso en la experiencia de la fe católica no se puede adorar a nadie más que a Dios, uno y trino. Nada de lo creado se puede adorar, a nada de lo creado se le puede dar el lugar de Dios. En el credo se dice que Jesús es engendrado, no creado, con lo que se deja claro por qué lo podemos adorar.

Es el momento de poner tu fe en Dios. Es el momento de buscar un encuentro íntimo con Él que te ayude a experimentar su fuerza, su misericordia y su amor. No puedes seguir sumido en esa situación de tristeza y dolor, tienes que enfocar todas tus capacidades en una realidad que te ayude a salir de ella. Cuando te encuentras con Dios, confías en Él. No hay otra posibilidad. El sentirlo presente en tu vida te hace confiar en su amor y en su poder.

El encuentro con Jesús te permite comprender la vida desde perspectivas diferentes, tener nuevos valores para juzgar cada una de las situaciones que debes vivir. Su presencia en tu vida siempre significa una transformación total. El sentido de la existencia cambia cuando Él está con nosotros. Eso es lo que sabe el leproso y lo que tienes que saber tú en la búsqueda para salir adelante en esta coyuntura que estás viviendo. Es el momento de adorarlo y de entregarte a Él. Es el instante para que te arrodilles delante de Él y sientas que su poder te levanta para continuar luchando.

Te propongo tres actitudes para vivir este momento de adoración, como soporte de transformación, de cambio frente a tu situación:

- *Identidad.* El aproximarme al Absoluto me ubica, me hace saber quién soy. Frente a Dios, lo comprendo. Y cuando comprendo quién soy, comprendo también las situaciones que me están sucediendo, porque soy capaz de entender que son consecuencias de mi condición humana. Es importante saber que los dolores, las tristezas, la enfermedad, el rechazo y todo lo que nos hace sufrir forma parte de nuestro ser humano. Lo que ocurre es que hemos construido una imagen de la vida en la que no hay problemas ni situaciones difíciles y por eso nos hundimos en el fango de la desesperación cuando aparecen. Hay que tener claro que lo normal, lo posible, es que eso suceda. Ahora, también es consecuencia de nuestra condición humana el que podamos superar esas eventualidades, y eso tampoco es extraño. Lo normal es que seamos capaces de sobreponernos a todas las malas experiencias. Eso no es de hombres de acero, ni de seres con superpoderes, sino de seres humanos conscientes de sus limitaciones y cualidades. De gente que se conoce, se acepta y se ama. Hay muchas realidades en nuestras vidas que nos sirven para tomar conciencia de nuestra identidad, y en los momentos de mayor dolor y tristeza es cuando debemos encontrarlas para poder recibir su impulso y salir adelante. Sin saber quiénes somos y sin asumir las consecuencias de nuestra condición es muy difícil hacerlo. El leproso, al arrodillarse ante Jesús, está reconociendo su realidad de hombre impuro, pero a la vez está descubriendo su identidad como uno que necesita de su Dios. ¿Quién eres? ¿Qué te caracteriza? ¿Te sabes hijo de Dios? ¿Eres consciente de todas tus cualidades y capacidades? ¿Comprendes que no eres un accidente sino que tu vida tiene sentido?

- *Descubrimiento*. De alguna manera hay un hallazgo del leproso: ahí está la presencia de Dios para él. El arrodillarse ante Jesús supone que lo considera alguien que pude ayudarle. Le da un poder que sobrepasa todas sus capacidades. No le da miedo reconocer que Jesús sí puede hacer lo que él no puede. Jesús es comprendido como el Señor, como el vencedor del mal, como el que lo puede sanar. Muchas veces lo que nos sucede en esos momentos es que estamos convencidos de que todo está perdido. Se nos olvida que hay soluciones y nos hundimos en el mar de la desesperación. A los que confiamos en Dios, por nuestra experiencia de fe, nos toca ser capaces de encontrar en la persona de Jesús la manifestación infinita del poder de Dios. No podemos acercarnos con el escepticismo de quien no cree, sino con la confianza de quien ha experimentado muchas veces sus manifestaciones de poder. Para los que no creen, es necesario que ese punto en el que enfocan su fe los llene de una esperanza fuerte e intensa, que los impulse. Sin esa esperanza no hay nada que hacer. ¿Quién es Dios para ti? ¿Cómo es tu relación con Dios? ¿Lo reconoces como el Padre misericordioso y bondadoso? ¿Sabes que Él quiere lo mejor para ti y los tuyos? ¿Te abres a su acción?

- *Esperanza*. El tomar conciencia de quién soy yo y quién es Jesús me llena de esperanza, porque sé de su poder y de su misericordia. El arrodillarse es una confesión de fe, es reconocer su ser poderoso —esto quedará confirmado por la manera con la que hace la petición el leproso—. El abrirse a esa realidad es ya un paso a la transformación, a la sanación. Hoy quisiera que confesaras tu fe y que eso te llenara de esperanza, de ganas, de ilusión. Es necesario que sepas que se puede salir de la situación en la que estás. No tienes que permanecer allí para siempre. Si no eres un hombre de fe, te invito a encontrar rápidamente eso que te llena de esperanza porque sabes que puede actuar en tu vida y te puede sanar o liberar.

No dejes que la tristeza te haga creer que no hay esperanza, siempre hay una posibilidad y es la que tienes que encontrar para salir adelante. ¿Qué te llena de esperanza? ¿Has estado en situaciones difíciles que has podido vencer? ¿Tienes experiencias de victorias en tu vida frente a circunstancias complicadas? Enumera esas experiencias y deja que ellas se conviertan en motivación para dar la batalla.

Él es el dueño de la vida. Es el Absoluto. No es cualquiera. Es quien vence el mal. Ese es el reconocimiento que le ilumina la vida al leproso y que con certeza lo impulsa a acercase a Él. La vida para el creyente no es el resultado de una de las tantas probabilidades que había, sino que es la decisión de su Creador. Esto hace que la vida sea entendida de una manera optimista y esperanzadora, porque Dios no juega a los dados con la existencia de los hombres, sino que hay una decisión amorosa de hacerlos felices, de realizarlos, de darles plenitud. La fe se vuelve una seguridad, la seguridad de que se superarán las dificultades: "Todo es posible para el que cree" (Marcos 9, 23). Esa es la certeza que hoy te tiene que impulsar para salir adelante. No es mágica esa solución, la tendrás que luchar fundado en decisiones y acciones firmes. Seguro hay a tu lado muchas personas que quieren ayudarte a vencer. ¿Para qué te sirve en este momento creer? ¿Has visto el poder de Dios en otras personas que han salido adelante? ¿Confías en que Dios te ama y puede ayudarte?

"... LE DIJO: SI QUIERES, PUEDES SANARME..."

Este hombre ha tenido el valor de aproximarse a Jesús, de salir de su paradigma de vida para tratar de encontrar una solución, se ha arrodillado delante de Él y ahora le presenta una petición, una súplica. Esta súplica es el complemento de la actitud corporal de arrodillarse: si lo considera el Señor, le pide ayuda. La frase parece estar untada del temor reverencial que expresa su actitud corporal. En la oración, el evangelista nos presenta dos realidades teológicas bien importantes: voluntad de Dios y poder de Dios.

"Si quieres...". Esta expresión deja claro que está en las manos de Jesús[2]. No hay un imperativo categórico, sino una expresión de abandono, de confianza, de disponibilidad. Acepta la voluntad de Jesús. Como consecuencia de asumir su condición, es libre y acata la decisión que Él pueda tomar. No trata de imponerse a la realidad. No es el amargado que exige que le quiten su dolor, su tristeza. Es el que sabe que hay que vivir la vida con sus condiciones y que no se puede pretender forzarla, sino aprender a afrontarla en libertad. No se trata de renunciar a nuestra capacidad de construir, de decidir, de conducir la vida; ni se trata de adoptar un determinismo que nos lleve a la quietud total. Se trata de vivir en libertad, aceptando que nuestra condición pone algunas situaciones lejos de nuestro control, que no todo sucede como queremos. Es más, considero que una de las fuentes de la amargura, de la tristeza y de la decep-

---

2 No olvidemos que esta va a ser la actuación también de Jesús frente al Padre Dios en el momento de la cruz: "Pero no sea lo que yo quiero, sino lo que quieras tú" (Marcos 14, 36b).

ción es comprobar que el mundo no se mueve por nuestra voluntad. Muchas veces sufrimos porque no pasa lo que queremos, sin entender que está sucediendo lo que lógicamente debía suceder.

Reconocer la voluntad de Jesús no solo demuestra la aceptación que hace el leproso de su condición sino que además muestra su libertad. Tenemos que aprender a vivir la vida como viene, no como quisiéramos que viniera. Los demás no están obligados a hacer lo que nosotros queremos, necesitamos o deseamos. Tenemos que aprender a respetar la libertad de los otros y a comprender que pueden decidir diferente a nosotros.

A veces el problema de la fe es que pretendemos que Dios sea nuestro esclavo, que Él haga lo que a nosotros se nos ha ocurrido. No faltan los que supeditan su participación, en el culto o en la oración, a que Dios cumpla sus deseos. Esto implica que no sabemos quiénes somos ni quién es Dios. Él no es nuestro muñeco ni nosotros somos los suyos. Él es libérrimo y nosotros somos libres. Él decide y nosotros decidimos. Vivir una experiencia espiritual es encontrar el sentido más allá de lo inmediato, de lo que pesa o brilla. No es asegurar que todos nuestros deseos se concretarán. Muchas veces encontraremos la acción de Dios exactamente en la derrota, en el no cumplimiento de nuestros deseos, en que todo salió muy distinto a como lo planeamos.

"Dios dispone todas las cosas para el bien de los que le aman" (Romanos 8, 28) es comprender que todo tiene un sentido en el proyecto de Dios y que hay que descubrirlo. No sé si te ha pasado que pides con pasión y ansiedad algo y no se te da, Dios no lo concede; seguro te molestas y te sientes maltratado por Dios y, luego, con el paso de los días, descubres que lo mejor que te pudo pasar es que no se te cumpliera tu deseo, que Dios no te hubiera dado lo que pedías. A mí me ha pasado muchas veces, y desde allí he entendido que hay que vivir la vida en total aceptación y libertad. De alguna manera el sentido de la vida va más allá de nuestra capacidad de comprensión y por eso se hace necesario confiar y creer en Dios. No abandonamos nuestra capacidad de luchar, de construir, de realización, sino que entendemos que más allá de los límites de nuestro ser hay sentido y razón para nosotros mismos.

No conozco la situación que estás viviendo, pero lo que sí sé es que has sufrido mucho y quieres que todo desaparezca rápido y que se pueda hacer ya lo que deseas. Hoy te quiero decir que lo importante no es que se realice lo que sueñas y pides, sino que hay un sentido mayor, que te conviene, que está más allá de lo que puedes captar y comprender en este mismo momento[3].

El leproso va donde Jesús a pedir ayuda, pero no a obligarlo a actuar según su deseo. Eso es lo que tenemos que aprender hoy, a manifestar lo que queremos, lo que necesitamos, lo que deseamos, pero respetando la actuación de Dios. La fe me hace pensar que Él quiere siempre lo mejor para mí y que, aun cuando no me complazca estrictamente

---

3 No se trata de irracionalidades, se trata de nuestra capacidad racional; hoy no lo puedo comprender, pero no significa que en el futuro no lo pueda hacer. La fe no es abdicar de nuestra razón sino entender que más allá de sus límites puede existir mucho sentido, el que en algún momento vamos a vivir y comprender.

con lo que estoy pidiendo, lo que hace me favorece y me hace crecer siempre.

Otra expresión de Pablo que nos ayuda a vivir en la misma actitud que el leproso es: "En todo saldremos más que vencedores por aquel que nos amó" (Romanos 8, 37). El apóstol ha hecho una larga lista de dificultades, de dolores, de situaciones que nos hacen sufrir —es impresionante darse cuenta de que todas las que señala Pablo en esa lista ya las ha vivido a lo largo de su ministerio— y manifiesta su total certeza de que todas esas circunstancias serán vencidas por la fuerza que ha puesto en nuestro corazón Jesús, que murió en la cruz y resucitó. Hoy tienes que acercarte, como el leproso al Señor, con la seguridad de que en Él hay solución a tu situación, así no sea la que tú has pensado o deseas. Deja que Dios actúe en su total libertad y vive con buena disposición su actuación.

Esto también se puede adaptar a otra persona a la que le pedimos ayuda. Nadie está obligado a apoyarnos como lo hacemos nosotros. Muchas de nuestras frustraciones ocurren porque tenemos la idea de que todos deben actuar como lo hacemos nosotros. Pedimos ayuda sabiendo que el otro es libre y actúa según su manera de comprender la vida y el mundo. No te frustres porque alguien en quien confías no te apoyó; lo que tienes que hacer es preguntarte si tu confianza está validada por datos objetivos o si tu confianza es fruto de tus propias ilusiones.

En la relación con Dios, según mi experiencia, te puedo asegurar que es fiel y que podemos confiar en Él. No abandona ni defrauda. Siempre tiene una respuesta que va más allá de lo que nosotros hemos podido pensar y planear. Un ejemplo de esto es el episodio que encontramos en el libro de Daniel acerca de los jóvenes que se niegan a adorar a Nabucodonosor[4]. Ante el cuestionamiento del rey, ellos responden:

> No tenemos por qué responder a Su Majestad acerca de esto. Su Majestad va a ver que nuestro Dios, a quien servimos, puede librarnos de ese ardiente horno de fuego, y también puede librarnos del poder de Su Majestad. Pero aun si no lo hiciera, sepa Su Majestad que no serviremos a sus dioses, ni tampoco adoraremos la estatua que ha mandado erigir (Daniel 3, 16-18).

Y claro que Dios les respondió; el autor de esta narración didáctica pone al propio rey a constatar la acción de Dios a favor de aquellos que han confiado en Él:

> Nabucodonosor exclamó: Bendito sea el Dios de Sadrac, Mesac y Abednego, que envió su ángel y libró a sus siervos, pues confiaron en él y no cumplieron mi edicto. Prefirieron entregar sus cuerpos antes que servir y adorar a otro dios (Daniel 3, 28).

Ese es el Dios al que le pides que actúe en tu favor. El Dios que es Padre fiel y confiable. Ten la certeza de que actuará en tu amparo y que pronto podrás celebrar tu victoria. Eso sí, ten claro que no está obligado a seguir tu camino.

---

4 Daniel es una narración didáctica con pasajes apocalípticos que estructura libremente relatos con personajes propios de otra época para presentar la fe del pueblo de Dios hacia el siglo II antes de nuestra era; por eso los judíos lo ubican en los Escritos y no en los profetas. Personajes como Nabucodonosor no corresponden al momento en el que se escribió Daniel, sino que son usados para denunciar a algún personaje de esa época, sin ser evidentes —en este caso se denuncia el comportamiento de Antíoco IV Epífanes—.

Por eso te aconsejo que le digas, como lo hizo el leproso, "si quieres…".

"… puedes sanarme". Si con la primera parte de la frase el leproso reconocía la voluntad libre de Dios, con esta segunda parte reconoce el poder de Dios. El leproso sabe que Jesús tiene poder para sanarlo. No hay dudas en su súplica. Si se pone en las manos de Jesús es porque tiene certeza de todo lo que Este puede hacer en su vida. Lo conoce y sabe que, en él, Dios vence el mal en todas sus formas.

Este es un tema muy importante en la experiencia religiosa: el poder de Dios. Nuestro Dios es de poder; al leer los textos bíblicos continuamente encontramos este convencimiento. El Dios cercano, que disfruta la brisa del atardecer en el paraíso (Génesis 3, 8)[5], tiene un poder infinito, que se expresa en la liberación del pueblo del yugo de Egipto y en su plenitud en la resurrección de su Hijo, nuestro Señor.

Creo que el poder de Dios es infinito. Estoy seguro de que para Él no hay nada imposible (Lucas 1, 37). ¿Cómo actúa Dios? Mi experiencia de oración y mi lectura teológica me han llevado a la conclusión de que Dios no actúa mágicamente. No esperemos que Dios paralice todas las leyes para que suceda lo que nosotros queremos. Dios actúa en la historia a través de los acontecimientos. Ten la certeza de que Él te responde en la historia, a través de las distintas vicisitudes que vives. No es alguien que mueve una marioneta. Ni es un caprichoso que constantemente suspende las leyes

5 Bello antropomorfismo que expresa la cercanía de Dios. Es tan cercano a los hombres que hace lo que nosotros, los hombres, hacemos.

naturales. Es alguien que, en medio de los acontecimientos, dialoga con el hombre.

Hay que orar con la fe puesta en el poder infinito de Dios. No vale la pena orar si crees que Dios no puede hacer nada. Si estás seguro de que tu situación no se va a transformar, para qué oras. El que se acerca a Jesús y lo reconoce como Señor, está confiado de su poder transformador de la vida. Su esperanza está soportada por una certeza existencial: Dios todo lo puede. Por eso le podemos decir como el salmista: despierta tu poder y ven a salvarnos (Salmo 79, 3).

Esa certeza es la que tiene que gobernar hoy tu corazón para que la petición que salga de tu boca esté llena de esperanza en Dios. No te puedo asegurar que todos los problemas van a desaparecer ni que al chasquido de los dedos todo se solucionará, pero sí te puedo asegurar que Dios escucha y responde tu oración sentida y confiada. Ten esa seguridad en tu corazón: que tu plegaria será contestada siempre de la mejor manera, aun esa que no has pensado y que te puede sorprender.

Me gusta mucho la expresión que usa el libro de los Números 11, 23 frente al tema del poder de Dios: "¿Es limitado el poder de Dios?". Otra traducción podría ser: "¿De qué tamaño es el poder de Dios?"[6]. Que nuestra mente no conciba la solución al problema no significa que no tenga solución; que nosotros no veamos cómo puede actuar Dios no significa que no lo vaya a hacer. Ahí es donde resulta

---

6 En mi libro *Sin libertad no hay amor* (Bogotá: Diana, pp. 24-45) hago una lectura existencial de este capítulo 11 del libro de los Números, tratando de dejar claro el poder infinito de Dios.

necesaria la fe y la confianza en Él. Seguro que tú puedes contar con una manifestación de Dios en tu vida que no imaginabas y que no creías; seguro que tu historia personal está marcada por sus acciones. Lamentablemente hemos creído que solo son actuaciones de Dios las que suceden de manera espectacular y prodigiosa, pues sus mayores actuaciones son cotidianas y sencillas.

Hay que evitar creer que los testimonios tienen que ser ampulosos y exagerados. Estoy seguro de que todos tenemos manifestaciones de su amor en nuestra vida y lo único que necesitamos es ser capaces de leerlas en clave de fe. Esas experiencias son las que nos dan la fuerza y las que nos garantizan que la petición que estamos haciendo será escuchada y respondida. En momentos como los que estás atravesando vale la pena interpretar la vida en clave de acción de gracias y encontrar en el pasado motivación para luchar y sobreponerse a lo que ya hemos vivido. Tengo certeza de que Dios ha hecho muchas obras maravillosas en tu vida que sería bueno repasar hoy para confiar en su poder y así seguir batallando.

No sigas achicopalado, no sigas diciendo que todo está perdido. No dejes que todo se oscurezca, es el momento de creer, de confiar en el poder infinito de Dios. Ora con confianza y prepárate para su actuación. Ahora, la oración no implica que te quedes esperando pasivamente su acción. No, Dios no te quiere achantado aguardando a que su poder resuelva todo. Te quiere luchando, esforzándote, dando lo mejor de ti. La oración no invalida tu acción. Tú oras y bregas. Confías y te esfuerzas.

Levanta el ánimo y decide hoy enfrentar estas situaciones y vencerlas en el nombre de Dios. Sé que podrás superar todo. No puedes continuar revolcándote en tus miedos. Es el momento de dar un paso al frente. Tienes que salvar esta circunstancia con la ayuda de los que te aman, de los que están científicamente preparados y del poder de Dios, que todo lo puede.

Cuando el hijo menor del Padre misericordioso (Lucas 15, 11-32) vive las consecuencias de sus equivocaciones —declarar muerto al Padre, irse lejos del Padre y malgastar la herencia—, pasando necesidad extrema, perdiendo su libertad y degradándose totalmente, no se queda allí tirado y dando vueltas en el sufrimiento que eso le ocasiona, sino que vive un proceso espiritual que lo lleva de nuevo a la presencia del Padre. El texto insiste en que hizo un proceso de interiorización, tomó conciencia de cómo al lado del Padre se está mejor que lejos de Él, decidió volver y humildemente volvió. El proceso de decisión de salir de la condición a la que lo han llevado sus errores se expresa con tres verbos: me levantaré, iré y le diré. El verbo *levantarse* está en la dimensión de la pascua, de la resurrección. Hoy es el día para que tomes la determinación de levantarte, de dejar que el Padre Dios te traiga de nuevo a la vida y te permita volver a andar el camino que te condujo al estado en el que te encuentras.

Se necesita decisión pero también acción. En la parábola del Padre misericordioso, me encanta que la decisión está planteada en futuro y el verso siguiente en pasado: *me levantaré, iré y le diré* (decisión), e inmediatamente después dice: *se levantó, fue y le dijo*. Que nuestras decisiones se traduzcan en acciones sanas, coherentes, inteligentes y solidarias.

He querido insistir en las actitudes del hombre enfermo de lepra —se aproximó, se arrodilló y dijo: "Si quieres puedes sanarme"— porque creo que son las actitudes que tú puedes tener para sobreponerte a la situación que estás viviendo. Creo que en ellas hay un itinerario existencial para ti, como alguien que está dispuesto a la batalla para vencer todo lo que está experimentando. Pero el texto también nos muestra la reacción de Jesús frente a estas actitudes humanas, y sobre ello quisiera reflexionar sencillamente con ustedes con la intención de que, sabiendo cómo reaccionaría, tomen la decisión de buscarlo: "Y Jesús, teniendo misericordia de él, extendió la mano y le tocó, y le dijo: 'Quiero, sé limpio'" (Marcos 1, 41).

"Teniendo misericordia de él"

Cualquier judío de la época hubiera salido corriendo ante la cercanía de ese leproso. No se hubiera arriesgado a quedar impuro por la presencia de ese enfermo-pecador. Tocarlo era imposible; eso implicaría ser solidario con él en su pecado y en su impureza. Jesús reacciona al contrario de como lo hubiera hecho otro judío de entonces. Jesús lo acoge, le abre un espacio en su corazón, lo acepta y se hace solidario con él en su dolor.

Es fundamental tener esto claro: la actitud de Jesús frente al hombre que sufre es la compasión, la misericordia. No hay reproches, no hay señalamientos, no hay castigo, no hay repulsión. Hay acogida, solidaridad, ayuda, sanación. Estoy seguro de que ahí comienza el proceso de sanación del leproso; el que no se puede acercar a nadie ahora encuentra a uno que le abre el corazón y que lo toma en serio. Uno que no mira su deformidad, su situación, sino su ser, su identidad, su valor. Jesús, más que a un leproso, ve a un hijo de Dios, un hermano necesitado[7].

El concepto bíblico de *compasión*[8] siempre me ha impresionado. Normalmente el verbo *compadecer* tiene como sujeto a Dios. Se trata de una acción divina. Me gusta entender la compasión así: sentir como mío el dolor del otro. Sentir en mi ser lo que el otro siente. Ser solidario realmente con su padecimiento. A diferencia de la lástima, que es un sentimiento externo que no me compromete con el otro, la compasión implica mi compromiso con su situación, que de alguna manera ahora es la mía.

Cuando el leproso se acerca, Jesús siente compasión, esto es, asume la condición de este pobre hombre como suya, y por eso no lo rechaza sino que está dispuesto a ayudarlo. Esta actitud nos tiene que animar a cada uno de nosotros en la encrucijada que estamos atravesando. Jesús no se va a detener a señalarnos, a juzgarnos, a hacernos sentir el peso de nuestra culpa, sino que asumirá nuestro dolor, se hará solidario con nuestra situación. Muchos no se acercan a Jesús porque tienen miedo de ser rechazados; han escuchado

---

7 Al fin y al cabo, Dios ve más allá que los hombres, que solo ven apariencias: "No mires a su apariencia, ni a lo alto de su estatura, porque lo he desechado; pues Dios ve no como el hombre ve, pues el hombre mira la apariencia exterior, pero el Señor mira el corazón" (1 Samuel 16, 7).

8 En griego, *splagchnizomai*, que significa literalmente conmoverse las entrañas. Este verbo viene del sustantivo *entrañas*, que se refiere a las vísceras, lo íntimo, lo oculto.

tantos discursos religiosos centrados en la culpa que temen que les vaya peor yendo hacia el Señor. El texto nos muestra todo lo contrario: Jesús acoge, ama y por eso sana.

Hoy no tengas miedo de aproximarte a Jesús, su compasión te está esperando. Él quiere sentirte y sanarte. Es probable que la situación en la que estás sea consecuencia de tus malas decisiones, de tu equivocación, y lo tienes que asumir; debes trabajar y aprender y, así, no volver a equivocarte, pero ahora lo que importa es que Él tiene un espacio en su corazón para ti.

Ser acogido cuando siempre se ha sido rechazado tiene un poder de transformación muy fuerte en nosotros. Seguro estás acostumbrado a la crítica, a la burla, a la lástima, al señalamiento de los otros, pero hoy te está esperando uno que te quiere acoger y hacer sentir su amor. Jesús no le pregunta al leproso qué pecado cometió para que esté así[9], no indaga por sus equivocaciones, sino que lo acoge en esa situación de dolor, de sufrimiento. Esto se vuelve profético para una sociedad que se deleita morbosamente en saber los pecados de los demás, que siente placer extremo en señalar al que se ha equivocado y que no se compromete en la rehabilitación de nadie, sino que hace del juicio destructor su manera de comportarse. Estoy convencido de que, a diferencia de Jesús, más de uno hubiera sacado las normas que acusan

9 Recordemos que en la Antigüedad se creía que había una relación directa entre la enfermedad y el pecado. Jesús niega esto claramente en Juan 9, 2-3: “Y sus discípulos le preguntaron, diciendo: Rabí, ¿quién pecó, éste o sus padres, para que naciera ciego? Jesús respondió: Ni éste pecó, ni sus padres; sino que está ciego para que las obras de Dios se manifiesten en él…”.

al leproso y que le impiden su sanación, y otros hubieran acusado a Dios y su creencia de lo mal que hemos entendido su proceder.

Si en el leproso hay una acción valiente al ir a buscar a Jesús, en ti lo que debe haber es una actitud de confianza al ir a buscar al Señor. Ten la certeza de que en Él hay solución para lo que vives. Él te mostrará su misericordia y su poder si abres tu corazón y lo dejas actuar.

"... EXTENDIÓ LA MANO Y LO TOCÓ..."

Jesús toca al intocable. Su acogida no se queda en un sentimiento interno sino que se expresa en un gesto concreto: *extender la mano y tocarlo*. El acto de extender la mano tiene para mí por lo menos tres sentidos antropológicos que tal vez esté usando Marcos en este relato, sabiendo que en el contexto bíblico puede manifestar la acción de Dios a favor de los hombres necesitados[10]:

1. Lo aproxima a sí, extiende la mano para llevarlo a su mundo íntimo, para hacerlo suyo. De alguna manera, acaba con la distancia que los separaba. Si todos querían estar lejos de este hombre, Jesús lo acerca. La mano extendida es un puente que comunica los dos mundos, el de Jesús, lleno de misericordia y compasión, y el del leproso, lleno de dolor, sufrimiento y necesidad.

---

10 En el Antiguo Testamento, Dios se manifestaba "con brazo extendido" y de esta manera realizaba prodigios: "Os salvaré con brazo extendido" (Éxodo 6, 5; véase Éxodo 15, 16 y también el poder de Dios por medio de los gestos de Moisés en Éxodo 4, 4; 7, 19; 8, 1; 9, 22; 14, 16, 21, 26).

2. Se comunica con él, le muestra que lo tiene en cuenta, que tiene su atención en ese momento. Al tocarlo, lo valora. Cuántas expresiones hacemos con las manos para indicar lo que sentimos: un pulgar arriba que señala que estamos de acuerdo, una mano abierta que quiere saludar, etc., son manifestaciones de que nos comunicamos a través de nuestras manos. Si rechazamos a alguien, evitamos tocarlo; si acogemos a alguien, lo abrazamos y le hacemos sentir nuestro cariño.

3. Expresa afecto. Creo que a través del contacto físico podemos mostrar mucho mejor y con mayor profundidad lo que sentimos por alguien. Las caricias, los abrazos, las palmadas de ánimo, son manifestaciones de ese aprecio que estamos experimentando por la otra persona. El amor es expresado, también, de manera profunda por el contacto físico. Llama la atención que, en el Evangelio de Marcos, continuamente haya contacto físico: "porque había sanado a muchos, de manera que todos los que tenían aflicciones se le echaban encima para tocarle" (3, 10); "Cuando oyó hablar de Jesús, se le acercó por detrás entre la gente y le tocó el manto. Pensaba: 'Si logro tocar siquiera su ropa, quedaré sana'. Al instante cesó su hemorragia, y se dio cuenta de que su cuerpo había quedado libre de esa aflicción" (5, 27-29); "y todos los que le tocaban quedaban sanos" (6, 56); "Entonces Jesús, tomándolo aparte de la multitud, a solas, le metió los dedos en los oídos y, escupiendo, le tocó la lengua con la saliva" (7, 33); "Vino luego a Betsaida; y le trajeron un ciego, y le rogaron que le tocase" (8, 22); "Empezaron a llevarle niños a Jesús para que los tocara" (10, 13).

El evangelista hace notar la relación entre ese contacto físico (tocar) y la sanación; es como si nos dijera que el amor expresado así sana a los hombres necesitados. Pienso aquí en todo lo que hoy se trabaja a través de los abrazos como medio de curación. Jesús no solo acoge al leproso sino que lo ama y ese amor lo sana; al fin y al cabo la mayoría de nuestras enfermedades son frutos del desamor.

Esta es la experiencia espiritual que deberíamos tener todos los que a esta hora pasamos por momentos difíciles: sabernos amados, tocados por Dios. Él nos quiere expresar ese amor infinito que nos sana y libera experiméntalo en tu vida, en el compartir con aquellos que te hacen presente a Dios. Él no te rechaza sino que, al contrario, te quiere llenar de su alegría y su gozo.

"... Y LE DIJO: 'QUIERO, SÉ LIMPIO'"

Ahora se manifiesta el poder de la palabra de Jesús. Jesús es el hombre nuevo que tiene una palabra de poder. Hay una reminiscencia del Génesis en estas actuaciones del Señor Jesús. Su palabra es una palabra que dice y hace. De alguna manera queda claro que Él es el portador de la palabra poderosa de Dios. La oración del leproso ha quedado atendida, su petición ha sido escuchada y respondida con todo el amor posible.

La palabra de Jesús lo transforma, le cambia la vida. El que antes estaba apartado de la experiencia religiosa ahora es enviado al templo, ante los sacerdotes, para restablecer su comunión con Dios, cumpliendo la ley expuesta en el Levítico. El que antes vivía totalmente alejado, apartado de la comunidad, ahora se integra a ella regresando a la ciudad. Llama la atención que regresará a la comunidad para anunciar todo lo que Jesús ha hecho en él y que su anuncio tendrá mucha acogida: "Pero él, así que se fue, se puso a pregonar con entusiasmo y a divulgar la noticia, de modo que ya no podía Jesús presentarse en público en ninguna ciudad, sino que se quedaba a las afueras, en lugares solitarios. Y acudían a él de todas partes" (Marcos 1, 45). Y claro, estas dos experiencias lo deben llevar a vivir un crecimiento de su autoestima, es decir, debe mejorar su relación consigo mismo. La acción de Jesús —gestos y palabra— tiene el poder de transformar la vida de todo aquel que le abre el corazón. El relato insiste en que *al instante* quedó limpio, con lo cual destaca el poder de la palabra que sale de la boca de Jesús.

Jesús manifiesta cuál es el querer de Dios: que los hombres seamos sanos, felices, plenos. No nos acercamos a Dios para ser castigados sino para que su palabra nos limpie, nos sane, nos libere. Esto nos debe llevar a una actitud de confianza. Si Él quiere lo mejor, entonces aprendamos a vivir la vida confiados en su intervención a favor nuestro. Aunque a veces no comprendamos que hay que confiar. No dejemos que nuestra ceguera nos impida captar todo lo que Dios hace en nuestro beneficio.

Es el momento de confiar, para despojarte de tus miedos, de tus incomprensiones, de tus quejas y abandonarte en sus manos. Estoy seguro de que Él te dirá "Quiero, sé limpio". Y se hará según su palabra en tu vida. La experiencia de Dios tiene que ser para ti un motivo para tener ánimo, fuerza, ganas, esperanzas e ilusiones. El creyente sabe que Dios está ahí para actuar con su poder.

Te invito a vivir estas actitudes del leproso para que puedas recibir la respuesta de amor y acogida de Jesús, el Señor. Estoy convencido de que entonces tendrás la oportunidad de salir adelante. Toma la decisión de superar esta situación, tú has sido creado para ser feliz y no para sufrir tanto. Ánimo, que tú has venido al mundo para disfrutar la vida, para estar alegre, y todas estas dificultades que estás viviendo son motivo de crecimiento personal.

Terminemos esta reflexión con una oración, que no busca que la repitas como una fórmula, sino que dejes que provoque tu propio diálogo con el Señor. Ten la convicción de que Dios te está escuchando y que actuará en tu favor, como lo hizo en la vida de este hombre enfermo que se acercó a Él.

Oración

Señor Jesús, aquí estamos delante de ti.

Tú conoces nuestra situación, sabes cómo estamos, conoces lo que estamos sintiendo, viviendo, sabes de nuestros dolores, de nuestros miedos, de los sentimientos de soledad, de desánimo que nos gobiernan.

Quiero en este momento aproximarme a ti y pedirte que: "Si quieres puedes ayudarme, puedes levantarme, puedes animarme".

Sí, estoy seguro de que Tú tienes todo el poder para hacerme vivir de una manera nueva.

Suplico que extiendas tu mano y me acerques a tu ser, haciéndome sentir que soy importante para ti, que quieres ayudarme a salir adelante.

Pronuncia esa palabra de poder que sana, libera, levanta, anima, transforma.

Sí, mi Señor y mi Dios, hoy quiero sentir en mi corazón que estás a mi lado y que actúas en mi favor para que pueda vivir tranquilo y feliz con todos aquellos que amo y que son valiosos para mí.

Señor Jesús, hazme sentir tu presencia en mi corazón, para que nada me quite las ganas de seguir adelante, luchando y tratando de vencer los problemas.

Que pueda entender que es tu voluntad y no la mía la que se tiene que realizar.

Que entienda que no todo tiene que suceder como quiero y que eso no significa que estoy perdido y que no puedo sonreír y ser feliz.

No dejes que mi egoísmo y mi estrechez mental me hagan entender todo como una tragedia y me amargue, hasta sufrir sin necesidad.

Dame, mi Señor, la capacidad de aceptar la realidad tal cual es y de confiar en ti y en tu poder; que sepa que Tú siempre estás dispuesto a ayudarme.

Te alabo y te bendigo por este momento en el que me permites abrirte el corazón y entregarte todo lo que tengo; esperando que hagas para mí lo que necesito.

Gracias por escucharme y por ayudarme a seguir adelante.

Estoy seguro de que con tu ayuda saldré adelante y podré disfrutar la vida.

Soy tuyo y gracias por bendecirme hoy y siempre. Amén.

Capítulo 2

Los amigos, un apoyo en los momentos de desesperación

Una gran ayuda en los momentos difíciles que pasamos en la vida es la presencia de los amigos. Todos necesitamos de amigos que nos apoyen en esas situaciones. Con la soledad, se hace más intensa y dolorosa la experiencia negativa que atravesamos. Necesitamos de otros que nos manifiesten su amor, su solidaridad y que nos echen una mano para vencer esas circunstancias. Algunas veces ellos no pueden solucionarnos los problemas, pero su presencia hace que podamos tener ilusión, esperanza y la decisión de salir adelante. Quiero invitarte a reflexionar en torno a la amistad y a tratar de encontrar las características que, como amigo, debes tener y las que deben tener aquellos que comparten contigo estos momentos que estás viviendo.

Mi vida es mi responsabilidad. Soy el que tiene que enfrentar cada situación y el que tiene que superarla. No puedo pretender que los otros vivan por mí y carguen con las consecuencias de mis decisiones. Tengo que asumir aquello de lo que soy responsable y tratar de resolver, de la mejor manera, las circunstancias que generaron mis determinaciones. Esto no implica que no podamos encontrar en nuestros amigos ayuda para salir adelante. No podemos esperar que nuestros amigos solucionen los problemas que hemos ocasionado por nuestras equivocaciones, pero sí podemos *pedir* su amparo, su consuelo, su fuerza, su inteligencia, su solidaridad. Sí, te invito a reflexionar en torno a la amistad, pero no lo hago para que busques en tus amigos la respuesta de todo, sino para que trates de fortalecer la relación con ellos y sentir su apoyo, que anima y fortalece.

Los amigos son una bendición y tenemos que aprender a disfrutarlos. No podemos seguir construyendo relaciones superficiales que no resisten el embate del mal, de los problemas o de los conflictos. Es necesario edificar relaciones basadas en la verdad, en el amor, en la solidaridad, en la sinergia y en todo aquello que nos hace humanos al compartir y construir sentido.

La Biblia valora mucho la amistad. De Moisés se decía que hablaba con Dios como un amigo, lo cual mostraba la cercanía y la confianza que había entre ellos: "Y acostumbraba hablar el Señor con Moisés cara a cara, como habla un hombre con su amigo" (Éxodo 33, 11). Es impactante que se utilice la amistad como una imagen de la relación que un ser humano (Moisés) puede tener con Dios.

También encontramos el testimonio de una gran amistad entre Jonatán y David. Ellos, que en principio deberían ser enemigos porque David, por acogida popular, es aspirante al trono de Saúl, el papá de Jonatán, quien por lo mismo sería el sucesor en el trono, son capaces de construir una relación de amistad que los lleva a ser leales y a defenderse el uno al otro.

Esta amistad queda expresada con términos muy bellos en 1 Samuel 20, 17: "Y Jonatán hizo jurar a David otra vez, porque lo amaba, pues lo amaba como a sí mismo". Algunos traducen "lo amaba como a su propia alma"; otros dicen "su alma se apegó al alma de David". La amistad es eso, ser capaces de poner al amigo por encima de los intereses materiales. Para Jonatán, más allá del trono de Israel, está David. Es tal la valoración que el texto bíblico hace de la amistad que, cuando matan a Jonatán, David hace una elegía que no solo destaca todas las características de este gran guerrero sino que muestra la superioridad del amor sublime de la amistad sobre el amor erótico: "Estoy afligido por ti, Jonatán, hermano mío; tú me has sido muy estimado. Tu amor fue para mí más maravilloso que el amor de las mujeres" (2 Samuel 1, 26). Dos grandes guerreros dispuestos siempre a la batalla y con un gran liderazgo nos dejan un testimonio de amistad.

En los libros sapienciales también hay una gran valoración de la amistad. El eclesiástico Ben Sirá, en su tono existencial, nos da consejos muy puntuales de cómo vivir esta experiencia. Destaco cómo nos invita a sospechar de las supuestas amistades que se construyen al calor de los intereses, de la prosperidad, y a estar seguros de que una determinada relación es la que nos conviene para realizarnos como seres humanos. Considera a un buen amigo como un tesoro y pide que se lo cuide como tal. Insiste en el papel que cumplen los amigos en los momentos de desgracias por los cuales podemos pasar todos. Y destaca que la fidelidad debe caracterizar estas relaciones, a fin de que puedan estar en el contexto de lo que Dios quiere para nosotros. Leamos el texto:

> Si eres amigo, no te vuelvas enemigo.
> Si no, tendrás deshonra y mala fama;
> así es el hombre malo y falso.

No te dejes llevar de la pasión,
para que no destroce tu fuerza como un toro.
La pasión devorará tu follaje,
arrancará tus frutos
y te dejará como árbol seco.
Porque la pasión violenta destruye a quien la tiene
y hace que los enemigos se rían de él.
La conversación agradable atrae muchos amigos,
y al que habla amablemente todos lo saludan.
Que sean muchos tus amigos,
pero amigo íntimo solo uno entre mil.
Si consigues un amigo, ponlo a prueba;
no confíes demasiado pronto en él.
Porque algunos son amigos cuando les conviene,
pero no cuentas con ellos cuando los necesitas.
Hay amigos que se vuelven enemigos
y te hacen quedar mal hablando de tus pleitos.
Algunos son amigos a la hora de comer,
pero cuando te va mal no los encuentras.
Mientras te vaya bien, serán uña y carne contigo;
pero cuando te vaya mal, te abandonarán.
Si algo malo te ocurre, se vuelven en contra tuya
y se esconden de ti.
Aléjate de tus enemigos
y cuídate de tus amigos.
Un amigo fiel es una protección segura;
el que lo encuentra ha encontrado un tesoro.
Un amigo fiel no tiene precio;
su valor no se mide con dinero.
Un amigo fiel protege como un talismán;
el que honra a Dios lo encontrará.
El amigo es igual a uno mismo,
y sus acciones son iguales a su fama.

(Eclesiástico 6, 1-17)

Quisiera señalar dos textos sapienciales más que nos pueden ayudar a comprender cómo entiende la amistad la Biblia, y que nos permitan asumir esa comprensión como el referente necesario para ser verdaderos amigos, sobre todo en los momentos duros que pueden vivir las personas que están a nuestro alrededor.

"El hombre que tiene amigos ha de mostrarse amigo; y amigo hay más unido que un hermano" (Proverbios 18, 24). En el mundo actual muchos hechos se quedan en palabras, en pareceres, y no se concretan en la realidad. El autor de Proverbios deja claro que la amistad tiene que ser una realidad que se demuestre en el diario vivir. No se trata de algo etéreo y nebuloso, sino de una experiencia diaria que se hace en el acompañamiento, en el compromiso solidario, en la ayuda en medio de la necesidad. La hermandad se pone como referencia de la amistad. Los amigos tienen que demostrar que son amigos comportándose como verdaderos hermanos.

"En todo tiempo ama el amigo, y es como un hermano en tiempo de angustia" (Proverbios 17, 17). Donde mejor se hace notar el valor de la amistad es en el momento de la angustia. Es claro que en las ocasiones de alegría, de prosperidad, de éxito, son muchos los que se acercan y pueden parecer amigos, pero es en la escasez, en la necesidad, en la enfermedad, en la desgracia, donde solo quedan los verdaderos amigos. Esto es, aquellos que no están interesados en lo que podemos dar o tener sino en lo que juntos podemos vivir como seres humanos. Cuando el otro atraviesa por la noche oscura, los verdaderos amigos nos tenemos que hacer presentes. No para señalar errores, no para decir "te lo dije", no para burlarse de lo que vive el otro, no para sentirnos superiores porque estamos bien y él está mal, sino para ayudar, para consolar, para construir juntos soluciones, para dar la vida por el otro.

Es tan importante la amistad que Jesús la propone como la manera de relacionarse con sus discípulos: "Ya no os llamo siervos, porque el siervo no sabe lo que hace su Señor; pero os he llamado amigos, porque os he dado a conocer todo lo que he oído de mi Padre" (Juan 15, 15). Él quiere que seamos sus amigos, que lo conozcamos y compartamos con Él la vida toda, y por eso nos ha revelado todo lo que el Padre le ha permitido. Él nos ha demostrado ser nuestro amigo: "Nadie tiene un amor mayor que éste: que uno dé su vida por sus amigos" (Juan 15, 13). Él ha dado la vida por nosotros, mostrándonos que nos ama hasta el extremo.

Sin embargo, mi reflexión aquí no se quiere centrar en estos textos que hemos mencionado, sino en una lectura existencial de Marcos 2, 1-12, a través de la que quiero caracterizar a los amigos que necesitamos en los momentos más duros.

> Entró de nuevo en Cafarnaúm; al poco tiempo había corrido la voz de que estaba en casa. Se agolparon tantos que ni siquiera ante la puerta había ya sitio, y él les anunciaba la palabra. [...]
>
> Y le vienen a traer a un paralítico llevado entre cuatro. Al no poder presentárselo a causa de la multitud, abrieron el techo encima de donde él estaba y, a través de la abertura que hicieron, descolgaron la camilla donde yacía el paralítico.
>
> Viendo Jesús la fe de los que lo llevaban, dice al paralítico: "Hijo, tus pecados te son perdonados".

> Estaban allí sentados algunos escribas que pensaban en sus corazones: "¿Por qué éste habla así? Está blasfemando. ¿Quién puede perdonar pecados, sino Dios solo?".
>
> Pero, al instante, conociendo Jesús en su espíritu lo que ellos pensaban en su interior, les dice: "¿Por qué pensáis así en vuestros corazones?
>
> ¿Qué es más fácil, decir al paralítico: 'Tus pecados te son perdonados», o decir: 'Levántate, toma tu camilla y anda?'.
>
> Pues para que sepáis que el Hijo del hombre tiene en la tierra poder de perdonar pecados —dice al paralítico—: 'A ti te digo, levántate, toma tu camilla y vete a tu casa'".
>
> Se levantó y, al instante, tomando la camilla, salió a la vista de todos, de modo que quedaban todos asombrados y glorificaban a Dios, diciendo: "Jamás vimos cosa parecida".
>
> (Marcos 2, 1-12)

El relato junta dos temas fundamentales en el ministerio de Jesús: el perdón de los pecados y la sanación física; y deja claro que Jesús tiene el poder, la capacidad para perdonar los pecados y sanar a los enfermos. Él hace presente el poder de Dios en medio de los hombres necesitados. Todo esto ocasiona una actitud de oposición de escribas y fariseos que va a ir creciendo hasta llegar a la crucifixión. No quisiera centrarme en este tema fundamental del texto, sino mirar las actitudes y los comportamientos de los amigos del paralítico que lo llevan a la presencia de Jesús para que este lo perdone y lo sane.

"Y LE VIENEN A TRAER A UN PARALÍTICO LLEVADO ENTRE CUATRO..."

Ya en Cafarnaúm, seguro que por el anuncio del hombre sanado de lepra (Marcos 1, 44-45), se comenzaba a conocer el poder sanador y la palabra liberadora de Jesús. Aquellos hombres deciden llevar a su amigo paralítico ante Jesús. Ellos creen que Él lo puede sanar y por eso lo llevan. Aquí se nos presenta la primera característica de un verdadero amigo: lleva a su amigo a la fuente de la sanación. Algunas veces se confunde al amigo con el cómplice, la amistad con el compromiso de no-verdad. El texto nos permite afirmar que el verdadero amigo es capaz de *tomar conciencia de la necesidad de su amigo.*

Un verdadero amigo sabe qué le falta, cuál es la carencia de aquel con el que comparte la relación. No se puede tener amistad con alguien sin conocer la situación que vive. Este está enfermo, paralítico, inmóvil, lo cual lo lleva a no poder ganarse la vida por sí mismo. Le impide desarrollar las actividades normales de un miembro de la comunidad. Sus amigos conocen su condición, su padecimiento y por eso deciden ayudarlo. Dolorosamente, las relaciones de hoy se construyen sobre la superficialidad y las apariencias; hay miedo a mostrarse tal cual se es, evitamos manifestar lo vulnerables que somos. En la relación de amigos se hace necesario conocer al otro, saber de sus límites y de sus búsquedas, para poder ayudarlo cuando lo requiera.

Vivimos en una sociedad en la que todos están conectados pero en la que no hay verdadera comunicación. Sabemos dónde están los otros y qué están haciendo, pero no sabemos qué los atormenta, cómo procesan interiormente sus frustraciones. Recibimos emoticones de ellos que tratan de mostrarnos qué es lo que sienten, pero no podemos percibir la realidad de sus sentimientos. La amistad tiene que ir más allá de la información o de la conexión, tiene que hundirse en el mar de la interioridad de cada cual para así poder conocer mutuamente el dolor, la desilusión, el miedo, el deseo, la preocupación, la necesidad. La indiferencia es lo contrario a la amistad. No es posible que mi amigo sufra delante de mí sin que yo sepa que está sufriendo. No somos mesías ni salvadores, pero sí podemos ayudar a los otros y para eso tenemos que saber lo que les está sucediendo.

Estos que cargan la camilla del paralítico conocen su situación y quieren ayudar. No son indiferentes al dolor de este tullido que no puede hacer la vida como ellos. Para percibir la necesidad del otro necesitamos actitudes bien claras, por lo menos estas cuatro:

1. *Apertura al otro y a su mundo*. La amistad supone que abro todo mi ser a la otra persona, que elimino mis prejuicios para poder conocer verdaderamente su manera de ver, juzgar, sentir, comunicar, vivir el mundo. Apertura significa que me despojo de mis miedos, para poder comprender lo que se me presenta diferente y desconocido. Sin esa apertura no sabré quién es ni qué vive el otro que está enfrente mío.

2. *Atención a su cotidianidad*. Todos mis sentidos están dispuestos a captar lo que experimenta ese que se me presenta como otro y que quiere ayudarme a identificar su condición. Si soy indiferente o le doy poca importancia a su vida, a su cotidianidad, no podré entender por qué está pasando por lo que pasa.

3. *Compasión*. Para sentir su dolor como propio. No basta con sentir lástima, con saber que el otro sufre y mirarlo desde lejos. Es necesario experimentar el dolor del otro, entender que su situación me golpea en las entrañas. Que su necesidad me hace sufrir y me impide estar feliz.

Solo así podré comprender que está pasando por un dolor inmenso.

4. *Compromiso.* Para entender que juntos construimos la sociedad. Sin utilitarismos. Tenemos que saber que el otro cumple una función en mi vida, que sus actitudes y acciones de alguna manera se relacionan con lo que hago, soy y quiero ser. Por eso tengo que comprometerme a ayudarlo, porque de esa forma también me estoy ayudando a mí mismo.

No solo capto su necesidad sino que me muevo a ayudarle. Algunos sienten que basta con enterarse del dolor del otro, de su miedo, de su frustración, porque creen que eso no les incumbe y tienen que estar lejos. A un verdadero amigo no le basta con la constatación de la situación difícil del otro, sabe que necesita hacer algo. Estos hombres del relato no solo constatan que es un paralítico sino que deciden movilizarse y llevarlo en la camilla delante de Jesús. Esto exige actitudes concretas, también:

- *Salir de nuestra comodidad.* La barrera más grande para ayudar a otros es que nos toca movernos, dejar a un lado nuestro confort y asumir riesgos difíciles por alguien a quien apreciamos y consideramos importante en nuestra vida. Todo el mundo quiere echar una mano, pero desde su cama, desde su descanso, sin salir. La ayuda, en el relato, implica que los amigos se incomoden cargando una camilla. Implica decisión, fuerza, ánimo y abandono de su estado de confort. El servicio implica desinstalarme.
- *Usar mis recursos a favor de otro.* En este caso el recurso es la fuerza física; tienen que ponerla en fun-

ción de su amigo, que está en la camilla. Para ayudar a otros tengo que dar de mí. Así como muchas veces recibo la ayuda de los demás y siento cómo sus recursos me hacen crecer, así tengo que dar a los otros según mis propias posibilidades.

- *Juntarme con otros*. A veces, para poder ayudar a un amigo tengo que unirme con otras personas que también quieren ser solidarias. En el relato hay cuatro que cargan la camilla, cuatro que están dispuestos a ayudar al tullido. A veces no puedo solo ni tengo cómo hacerlo, pero sí tengo la posibilidad de llamar a otros que pueden ayudar. Lo importante es mostrar que estoy interesado en que mi amigo esté bien, y que pueda salir de la situación que está viviendo.

El relato muestra a estos cuatro hombres llevando al paralítico a la presencia de Jesús. Ellos saben que este es fuente de sanación. La ayuda no consiste en que ellos resuelvan la situación del paralítico, porque no pueden hacerlo, ya que la circunstancia desborda sus posibilidades. Por eso su ayuda consiste en conducirlo delante de quien tiene el poder para sanarlo, para liberarlo, para levantarlo de esa camilla, para darle una mano en la dificultad que está viviendo.

Conozco relaciones en las que los "amigos" conducen a sus "amigos" a la perdición, a lo que les destruye y les daña la vida. Se hacen auténticos contratos de adulación que los llevan a equivocarse en la medida en que no está presente el elemento crítico necesario, que nos hace comprender de mejor manera la razón. Cuando hay amistad real no tengo que mentirte para estar bien contigo, puedo decirte la verdad aunque te duela y te haga sufrir; ella siempre te hará crecer y estar en una mejor situación, aun cuando no lo entiendas inmediatamente.

Jesús representa aquí la solución. Los amigos llevamos a nuestros amigos hacia Jesús, hacia las soluciones. Esto implica conocer a Jesús, es decir, conocer la solución y estar dispuestos a vivir todo lo que corresponda. No somos responsables de la vida de los otros pero sí podemos hacer lo que esté a nuestro alcance para ayudarlos a ser felices. La amistad supone de alguna manera que mi felicidad está determinada por la felicidad del otro. Los amigos sufren de alguna forma la situación del paralítico. Su parálisis le impide compartir con ellos en todo el sentido de la palabra, no puede aportar todo lo que hay en su ser por estar en esa camilla, y termina dependiendo de los demás. Ellos padecen, a su modo, la enfermedad, como cualquiera sufre la enfermedad de su amigo.

Ayudar a encontrar la solución implica compromiso con el amigo y capacidad para ver lo que él no ha podido ver. Seguro que el paralítico ha oído hablar también de Jesús y cree que allí está su sanación, pero no puede ir hasta donde Él. Sus amigos le permiten hacer lo que él no puede. Es necesario querer ayudar, pero hay que estar en capacidad para hacerlo. En este caso, ellos saben de Jesús y tienen la fuerza para cargar, entre los cuatro, la camilla. Este es un criterio claro para saber cuándo ayudar: querer, saber y poder hacerlo. A veces hay gente que tiene toda la intención de prestar un servicio, pero no sabe cuál es el momento para hacerlo, ni tiene las habilidades para emprender las acciones adecuadas. Otras veces sé cómo hacerlo pero no quiero. Por eso considero que las tres deben estar juntas.

En el espacio religioso cristiano, llevar a alguien a la presencia de Jesús tiene mucho significado, porque implica la confesión de fe que hacemos por Él y la confianza que tenemos en su acción maravillosa. Un buen creyente siempre lleva a los suyos a los pies del Maestro. Lo primero que hace Andrés, luego de compartir con el Señor Jesús, es ir a contarle a su hermano Pedro y llevarlo donde Él (Juan 1, 41-42). Pero en el espacio no religioso se tiene que pensar en llevar a alguien ante la fuente de la solución; propiciar con mis palabras, con mis actitudes, con mis acciones, que la otra persona conozca la posibilidad de transformar la situación que la está golpeando. El amigo verdadero quiere lo mejor para su amigo y por eso, si conoce la respuesta, quiere presentársela al que está viviendo momentos complicados.

Creo que en este momento que estás viviendo vale la pena que pienses en tus amigos y veas cuáles de ellos te están llevando a la fuente de la solución. Es muy importante tener claro quiénes son los que te ayudan a "cargar la camilla" para llevarte donde Jesús. A ellos hay que abrirles el corazón y dejarlos que te influyan porque esos están agregando valor a tu vida. En vez de quejarte de que otros no están o de rebelarte contra la situación, trata de ver quiénes son los que colaboran y deja que esa colaboración te haga crecer y salir adelante. Siempre hay amigos que quieren, saben y pueden ayudar. No dejes que la circunstancia te ciegue ante la realidad de las personas que están a tu lado.

Ahora, si eres tú el que puedes "cargar la camilla" de tu amigo y llevarlo delante de Jesús, te invito a hacerlo con alegría, con decisión y compromiso. Sé que no es fácil tomar decisiones a favor de otro, pero tienes que hacerlo por el amor y la amistad que los une. No dejes que el egoísmo ni el facilismo te ganen; es el momento de actuar en beneficio de los demás, y seguro eso se devolverá en tu bien.

> Al no poder presentárselo a causa de la multitud, abrieron el techo encima de donde él estaba y, a través de la abertura que hicieron, descolgaron la camilla donde yacía el paralítico.

La vida está marcada por situaciones difíciles. Nadie puede tener la pretensión de lograr los objetivos que se ha planteado sin luchar fuertemente. Sin sacrificio, esfuerzo, dedicación, no se alcanzan las metas soñadas. Hay que estar dispuestos a batallar y hay que hacer de los obstáculos trampolines para obtener lo deseado. Ante los problemas no nos podemos rendir sino que tenemos que dar lo mejor de nosotros y salir adelante.

1. *Ayudar no es fácil, implica mucho esfuerzo*. Algunas veces creemos que basta con tomar la decisión de ayudar y prepararnos para hacerlo, y no es cierto. Se hace necesario mucho empeño para poder lograr lo que queremos. Tenemos que ser conscientes de que la única dificultad cuando decidimos ayudar al otro no es vencer nuestro propio egoísmo y nuestra tendencia a estar cómodos, sino que la ayuda en sí implica muchas dificultades.

Algunos obstáculos pueden venir de la propia persona a la que vamos a ayudar, quizás porque se resiste o genera conflictos innecesarios. Otras veces vienen de los que están a su alrededor, como en el caso del relato, en el que la gente que está escuchando a Jesús, que se ha aglomerado en la casa de Pedro, es la que no permite que los cuatro amigos presenten al tullido. Otras veces es la solución misma la que se hace difícil y no podemos actuar tan rápidamente como quisiéramos. El relato nos muestra que los cuatro amigos no renuncian a su decisión de apoyar al paralítico, no se dan por vencidos sino que encuentran nuevos caminos.

Me he imaginado cómo enfrentarían algunos amigos míos la situación y estoy seguro de que le dirían al tullido: "Bueno, hasta aquí llegamos. Hemos hecho lo que hemos podido pero no hay nada más que hacer. Te tienes que quedar así, tullido, porque no se puede entrar a la casa donde está Jesús, el Señor".

2. *Las dificultades nos hacen encontrar nuevos caminos*. Los cuatro hombres están decididos a poner al paralítico delante de Jesús y no se van a dar por vencidos. Su decisión de ayudar no está determinada por el grado de dificultad de las circunstancias. Ellos quieren que su amigo recupere su vida, sea sano y disfrute también de todo lo que ellos pueden disfrutar. No se amilanan ante la imposibilidad de entrar por la puerta para llevar a su amigo frente a Jesús, sino que ponen en juego su creatividad y su fuerza.

No sé a cuál de los cuatro se le ocurrió que podía subir al techo y abrir una loza y bajar a su amigo delante de Jesús, pero eso decidieron hacer. Para vencer las dificultades necesitamos creatividad. Hay que ver todo de una manera nueva, dejando que nuestra creatividad se haga presente. Si no te lanzas a considerar las cosas de una forma distinta no podrás encontrar caminos de solución. Seguro era una locura subirse al tiempo con un tullido y tratar de bajarlo por un hueco, pero a alguno se le ocurrió y lo hicieron.

Las dificultades ponen a prueba nuestra capacidad creativa. Pero no solo basta con la creatividad, sino que hay que tener la fuerza y la audacia para hacer eso que puede sonar muy loco. No me imagino la escena en esa época: cuatro hombres subiendo al tullido en su camilla hasta el techo de una casa. Debió ser algo que implicó mucho esfuerzo y dedicación.

3. *Los amigos procuran ayudar a sus amigos.* Como amigos tenemos que estar dispuestos a vencer todos los obstáculos que la vida pone. La amistad exige esfuerzos y compromisos. Hay que hacer la tarea para asistir a los que amamos. Debemos tener claro que no es una cuestión de un chasquido de dedos y ya. Hay que meterse en el barro, involucrarse y dar lo mejor de uno a favor del otro.

Muchas veces en mi oración personal le pido a Dios que me dé amigos como esos cuatro, que cuando decidan ayudarme sean capaces de salvar todos los obstáculos. Claro que también trato de exigirme y ser un amigo con esas características. Que nada me impida ayudar al que lo necesita. Es muy probable que muchas de las personas que están sufriendo y padeciendo en este momento pidan a Dios amigos generosos, creativos y decididos a colaborar.

El esfuerzo de los amigos del tullido se vuelve una acción paradigmática para todos aquellos que dicen ser buenos amigos. Hay que esforzarse hasta el límite por bendecir a los otros. Sé que en una sociedad marcada por el facilismo y la superficialidad no es sencillo comprender la actitud de los amigos de este hombre enfermo. Solo la comprenden y la valoran aquellos que entienden todo lo que vale un amigo, todo lo que significa la salud de alguien a quien amamos. No es una acción interesada, es una acción generosa y marcada por el amor. No produce nada materialmente pero sí hace que el corazón salte de felicidad al saber que hemos contribuido para que una persona encuentre la solución de todo lo que le hace sufrir en la vida.

"Viendo Jesús la fe de los que lo llevaban, dice al paralítico..."

Esta aseveración de Marcos me sorprende y me gusta mucho, porque frecuentemente en los Evangelios Jesús le asegura al que llega suplicando que su fe lo ha sanado, salvado (Marcos 5, 34; 10, 52), pero aquí no es la fe del tullido la que resalta Jesús, sino la fe de los cuatro amigos que lo llevaron. El Señor destaca la fe de aquellos que se han esforzado y han dado lo mejor para llevarle al tullido. Esta frase de Jesús me permite varias reflexiones que, con detenimiento, vamos a trabajar a continuación:

1. *La fe empuja a la acción.* Cuando uno se encuentra, en el relato, con que esos hombres subieron al tullido al techo de una casa para mover una loza y bajarlo hasta donde estaba Jesús, se pregunta qué los mueve para actuar con toda esa audacia. Y la frase de Jesús responde: la fe. Sí, es la fe en Jesús lo que les hace ayudar a su amigo, sobreponerse a todos los obstáculos para llevarlo delante de Él. Es la fe la que los mueve a actuar. Ellos confían en el poder de Jesús y saben que cualquier esfuerzo es poco con tal de llevar a ese amigo ante quien lo sanaría.

Esa acción sanadora vale todos los esfuerzos que se hagan. Hemos vuelto la fe un discurso que invita a la quietud o unos ritos que calman la conciencia, cuando realmente la fe es fuerza que nos mueve a actuar de una manera adecuada. Es una acción nacida en la confianza, en la seguridad de que Dios no nos va a fallar. Es esto lo que explica que los seres humanos sean capaces de las acciones más heroicas.

Cuando vemos a Jesús camino a la pasión y vemos la actitud con la que enfrenta esta situación, según nos cuentan los Evangelios, nos preguntamos cómo hace para no desfallecer, para no abandonar, para no echarse atrás, y ahora, leyendo este texto, lo entendemos: lo motiva, lo impulsa la fuerza que da la confianza en Dios. Él asume todo lo que viene sobre la base de su relación de confianza con el Padre Dios. Él sabe que el Padre Dios no defrauda ni abandona. Sabe que el Padre Dios responde con generosa fidelidad a la confianza del creyente. Eso es lo que tienen claro los cuatro hombres que llevan al tullido. Su fe los mueve a actuar y les ayuda a comprender que se pueden asumir todos los riesgos, que Dios siempre nos apoya para salir adelante.

Lamento que a muchos de nosotros nos haga falta esa fe que se hace vida, que se expresa en acciones concretas a favor de los demás. Duele saber que muchos nos conformamos con darle unas palabras de consuelo al otro y no hacemos algo por él. Infortunadamente, a veces encontramos más indiferencia entre los creyentes que entre los llamados ateos. Estos cuatro hombres muestran su fe cuando actúan en beneficio de su amigo enfermo y necesitado. Dios va actuar a través de Jesús, pero es necesario que los amigos actúen a favor de este hombre. Ora, intercede por otros, seguro que Dios te escucha y te ayuda, pero haz algo por ese que te necesita y requiere tu acción.

2. *La fe nos hace asumir riesgos*. No solo nos mueve a actuar de una manera determinada, sino que nos da la fuerza, el ánimo que necesitamos para enfrentar situaciones adversas y difíciles. No hay miedo porque se está lleno del amor de Dios. Esos cuatro hombres encuentran en su fe el motor que les hace ser creativos y fuertes para tomar la decisión de subir al tullido en camilla al techo y bajarlo, luego de haber quitado una losa. No tienen miedo de que se les pueda caer, no tienen miedo de que la losa vaya a ceder, mucho menos de un accidente en el techo cuando están arriba intentando bajar a su amigo, y no tienen miedo de ser rechazados por Jesús. Ellos están movidos por la fe. Ellos lo conocen, saben de su compasión por el necesitado, han vivido su poder que sana y libera, eso los impulsa a asumir todos esos riesgos.

Tenemos que imaginar el relato para poder comprender todos los riesgos que asumen: no hay grúas, no hay escaleras modernas, las sogas no son las nuestras; subir una camilla en esas condiciones no debe ser tarea fácil, pero ellos se comprometen porque están motivados por su fe, por su confianza en Dios. Ellos saben que esa es la oportunidad para su amigo. El que cree afronta las dificultades de la vida con la certeza de que Dios no falla. El que cree ha hecho suya esta declaración de Jesús: "todo es posible para el que cree" (Marcos 9, 33). No te estoy invitando a lo irracional sino a tomar conciencia de que no se puede vivir en el miedo y no se puede quedar uno paralizado esperando que otros actúen. Que la fe nos mueva a asumir los riesgos de las acciones con la capacidad suficiente para salir vencedores.

No aguardemos a que las soluciones nos caigan del cielo, demos pasos de fe para encontrar esas respuestas.

3. *Mi fe bendice, sana, transforma a los otros*. Me emociona mucho comprender que Jesús actúa a partir de la fe de aquellos que han llevado al tullido. El texto no subraya la fe de este sino la fe de sus amigos. Jesús comprende lo que ha motivado a esos hombres a sacar a esta persona de su casa para llevarla a la casa de Pedro, a no desanimarse cuando la vieron llena y se dieron cuenta de que no podían entrar, a entrar con ella por el techo y ponerla ante su presencia. Ellos actúan con tanta osadía, con tanta firmeza porque son hombres de fe y por eso no segregan al diferente, no obligan a creer al que no tiene fe, no le imponen su discurso religioso al otro, ni propinan "biblazos" al que tienen al lado. No.

Los hombres de fe viven su fe, muestran lo valioso de tenerla en sus palabras, sus actitudes, sus acciones. Contagian a los otros, provocan a los demás a querer tener esa experiencia que ellos tienen gracias a su manera de actuar. Cuando se vive la fe cotidianamente, los que están a nuestro lado quieren vivirla también. Estoy seguro de que la afirmación de Marcos en este relato sobre la fe de los amigos que llevaron la camilla no es acerca de una fe que ocasiona mágicamente una acción en el corazón del tullido. Estoy convencido de que trata de mostrarnos todo lo que hace en la vida de los demás el ejemplo de fe, cómo prepara el corazón de los otros el ver nuestra vida de fe. Imaginen por un momento todo lo que significa para el tullido haber sido sacado de su casa con la ilusión de la sanación; con certeza sus amigos le dijeron que estar frente a Jesús iba a ser lo mejor que le podía pasar en su vida. Pero luego llegan a la casa donde predica Jesús y ven que no pueden entrar. Imaginen su decepción. Sin embargo, significaba mucho para su corazón ver la seguridad de sus acompañantes al buscar una solución, así fuera osada, para ponerlo delante de Jesús. Eso tiene que haber ocasionado en el tullido una apertura a la persona de Jesús: si estos creen y confían tanto en este hombre, debe ser por algo.

Creo que en ese contexto hay que leer la frase "Ten fe en el Señor Jesús y te salvarás tú y tu casa". No es una acción mágica sino la consecuencia lógica de asumir la vida de una manera diferente. El que conoce a Jesús y lo declara como su Señor vive de una forma que terminará entusiasmando a todos aquellos que están a su alrededor. Es la fuerza del testimonio.

La amistad entre hombres de fe tiene una dimensión sublime más fuerte y trascendente. Si cualquier amigo verdadero se esfuerza por ayudar a su amigo, imaginen lo que tiene que hacer alguien que entiende su vida a la luz de la propuesta existencial de Jesús de Nazaret. Necesitamos tener claro todo lo que la fe nos empuja a hacer en la vida de aquellos que están necesitados y sufriendo. Ser indiferentes al dolor del otro no es lo que nuestra fe nos pide. Tenemos que mostrar lo que creemos ayudando al hermano y hacerlo con la decisión de vencer todos los obstáculos que se presenten; no podemos ser como esos que quieren ayudar pero encuentran en cada situación una excusa para no hacerlo. No somos mesías ni le resolvemos el problema a los demás, pero sí estamos dispuestos a ayudarlos a encontrar la solución que tanto necesitan.

Insisto en que tenemos que pedirle a Dios que nos dé amigos como estos hombres del relato. Sé que en tu vida estos amigos existen. A veces no los hemos descubierto por alguna razón, pero vale la pena que los descubramos en medio de la situación que estamos viviendo. No dejes que el dolor, la tristeza, la enfermedad te hagan creer que estás solo. No lo estás, siempre hay amigos —ya sean familiares o no— que están dispuestos a ayudarte. Es el momento de mirarlos, de ver sus actuaciones, sus posibilidades, y tratar de encontrar en ellas el apoyo que se requiere.

Me llama la atención que sean unos amigos los que llevan al paralítico a donde está Jesús. Me pregunto por qué no lo hizo su familia, por qué a la gente de su casa no se le había ocurrido esta solución. Tal vez ya habían intentado todo y solo faltaba este camino; de pronto estaban cansados porque esta persona llevaba muchos años enferma, o simplemente su familia había sido indiferente a su sufrimiento. Hay personas para las que los amigos representan una mano mucho más fuerte que la de su propia sangre, que experimentan que sus amigos son más solidarios que los de su casa; quizás su familia ha estado ausente en esos momentos difíciles, pero cuentan con el apoyo creativo de sus amigos, esos que siempre encuentran acciones efectivas para ayudarles a vencer los problemas.

Una de las tendencias más dañinas que tenemos, cuando vivimos situaciones difíciles, es a aislarnos, a meternos en nuestro propio hueco y no querer ver a nadie. Cuando más complicados estamos, más necesitados estamos de las personas que nos aman. Seguro no todos nos pueden ayudar y no tenemos que mendigar ayuda, pero también es verdad que alguien que nos ama está ahí para darnos una mano y tenemos que saber descubrirlo.

Son interesantes los gestos y las palabras de Jesús cuando los amigos llevan al tullido delante de Él. Quiero centrarme en lo que dice: "Hijo, tus pecados te son perdonados" (Marcos 2, 5) *y* "A ti te digo, levántate, toma tu camilla y vete a tu casa" (Marcos 2, 11). Sigamos con nuestra lectura existencial de estas dos frases que Jesús le dice al tullido.

"Hijo, tus pecados te son perdonados..."

Jesús acoge al tullido. Lo llama "Hijito" (literalmente traducido del griego), lo cual es una expresión de comunión, de aceptación. No lo rechaza sino que le hace sentir su acogida amorosa. El esfuerzo realizado por sus amigos encuentra una buena recompensa. Ellos tenían razón. Jesús no los iba a repudiar sino que iba a posar su mirada misericordiosa en este hombre que necesita de su ayuda. Llama mucho la atención que este hombre va en busca de la salud física, por lo menos así nos lo hace pensar todo el relato, y se encuentra con un ofrecimiento de perdón, se le da el perdón como un don de parte de Dios.

Realmente, la pérdida más grande que tiene este hombre no es la falta de movilidad sino la falta de comunión con Dios. Él ha perdido el sentido de la vida, probablemente está construyendo su camino existencial en dirección contraria a la que Dios nos ha mostrado o simplemente está haciendo el camino solo, porque está lejos de Dios, desaprovechando toda la fuerza que el Padre le puede dar para seguir adelante en su vida.

Muchas veces nuestras enfermedades físicas y emocionales son consecuencia de nuestra culpa, de saber que hemos fallado, que no hemos actuado bien. La psicología nos ha enseñado que muchas de las emociones que tenemos las somatizamos y se expresan como enfermedades físicas. A algunos lo que les cuesta aceptar es su error. No comprenden cómo pudo ser posible que hicieran eso. Muchas veces el "pecado" nos vuelve tullidos, nos deja sin la posibilidad de movernos, de construir vida, de relacionarnos sanamente, de edificar un buen proyecto.

Aquí quiero que entendamos el "pecado" como esa acción que nos daña a nosotros mismos, que daña a los demás y que rompe nuestra relación con Dios[11]. Se trata en el fondo de despreciar la propuesta de Dios en la persona de Jesús y vivir según nuestro egoísmo y codicia. Eso tiene consecuencias para nosotros y para los que están a nuestro lado, y esta es la dimensión social del pecado. Nos lleva a situaciones que no somos capaces de soportar y que nos hacen sufrir, y seguro causa heridas y daños serios en el corazón de las personas que nos rodean. Es rechazar el vivir a la manera de Jesús.

No sé cómo estás en tu relación contigo mismo. Pero creo que vale la pena que reflexiones mucho acerca de todo esto que estás viviendo y de si tiene que ver con tus equivocadas decisiones, porque tal vez te está generando una culpa que agrava la situación. Tienes que hacer un examen de

11 En el "yo confieso" decimos que el pecado se da no solo de pensamientos, de palabra, sino también por omisión.

conciencia y darte cuenta de qué es lo que te está haciendo sufrir hoy.

A veces, lo que más necesitas no es perdonar sino pedir perdón. Sé que no es fácil, pero es necesario si queremos ser sanados interiormente. No podemos andar con las heridas vivas, porque además de hacernos sufrir nos hacen actuar de manera equivocada. Tenemos que perdonar y asumir actitudes distintas a las que la venganza nos recomienda. Celebrar bien el sacramento de la reconciliación nos ayuda no solo a estar perdonados sino a dar el perdón a todos aquellos que nos han hecho daño.

Jesús muestra que tiene poder, capacidad para operar un cambio en quien se lo solicita. Él perdona los pecados del hombre que está en la camilla. Lo libera de esas ataduras, de esas culpas que lo tienen esclavizado, y lo hace vivir libremente. Restablece su comunión con Dios. Él hace presente a Dios para ese hombre y le devuelve la comunión que el pecado le había quitado. Es un regalo que Dios nos hace. La reconciliación es siempre un don que recibimos. No la podemos exigir. Cuando lo hacemos, no hemos entendido de qué se trata reconciliarnos, y aún más con Dios.

Esta acción de Jesús generará una polémica con los escribas y fariseos que no es de nuestro interés en este momento. Lo que quiero dejar claro es que sin paz en el corazón es muy difícil conseguir la salud física. Estoy seguro de que quien está libre interiormente puede enfrentar de mejor manera la enfermedad o los problemas corporales. Ahora, también es cierto que a veces estar mal físicamente hace que nos sintamos mal y que vivamos situaciones de mucha tristeza y desequilibrio interior. Lo físico puede igualmente influenciar lo emocional. Por eso lo importante es vivir ante Dios una salud integral que nos permita disfrutar la vida de la mejor manera posible.

Dios nunca acusa, castiga o se desquita. Dios está dispuesto a perdonarte siempre y eso es lo mejor que te puede pasar en la vida. Te invito a vivir procesos de perdón, a abrir el corazón y dejar que Él, con su poder, restituya la comunión rota. No dejes que nada te quite la oportunidad de vivir ese perdón. Estoy convencido de que muchas de las situaciones que estás viviendo quedarán superadas si estás de nuevo en comunión con Él.

Me imagino la sorpresa de los amigos del tullido. Ellos iban por la salud física de su amigo y se encuentran con un Dios que restituye primero su comunión con Él. Ese es Dios, el que siempre nos sorprende cuando vamos con total sinceridad y le abrimos el corazón plenamente. Ese es Dios, el que va más allá de nuestras peticiones, el que da mucho más de lo que nosotros estamos creyendo que necesitamos.

"A ti te digo, levántate, toma tu camilla y vete a tu casa"

La palabra de Jesús es una palabra que tiene poder. Lo que dice se hace. Después de ofrecerle el perdón al tullido, hace un signo de poder sanándolo. La expresión "levántate" incluye la vida del tullido en la dimensión pascual. Jesús lo devuelve a la vida. No podía caminar y por eso no podía ser dueño de su vida. Su parálisis, de alguna forma, lo hace participar de las características de la muerte y por eso la palabra de Jesús lo trae a la vida. Lo levanta de la situación en la que está y lo hace vivir en la cotidianidad. Su espacio vital estaba reducido a su camilla, pero ahora puede ampliar su propio espacio a toda la vida.

Sé que muchos de ustedes, que me están leyendo, necesitan escuchar esta orden de Jesús. Sí. Necesitan levantarse de la situación en la que están. Romper con todo lo que los ata y participar en la vida cotidiana. Es el momento de creer que es posible salir adelante. Hoy Él te está dando la orden de levantarte, de echar a un lado todos esos sentimientos de dolor, de tristeza, de miedo, que tanto te paralizan. ¡Vamos! Es el momento de creer y de levantarte, el dueño de la vida está dándote la orden que necesitas para seguir. Los amigos del tullido han cumplido su objetivo, Jesús le devuelve la vida a su amigo. Ellos, que han vencido los obstáculos para acompañarlo, ahora están felices de encontrar que su amigo puede ser sanado por la palabra de Jesús.

La palabra de Jesús no solo le devuelve la comunión con Dios. Al final encontramos un envío que Jesús le hace al paralítico y que da nuevas pistas: "Vete a tu casa". La reconciliación con Dios siempre se expresa en la reconciliación con los que están a nuestro alrededor, lo cual abre un espacio de comprensión bastante interesante. El perdón que restablece la relación con Dios encuentra su lugar más apropiado en la reconciliación familiar y con todos los que hacen parte de nuestro tejido relacional. ¿Estará en la familia la causa de su enfermedad? ¿Su parálisis tendrá que ver con conflictos familiares? Como dije anteriormente, llama la atención que él es presentado por cuatro anónimos que nosotros hemos asumido como sus amigos, que no se habla de familiares en el relato.

Muchas veces nuestra enfermedad física no es más que la proyección de todos nuestros problemas emocionales. La familia, como el primer círculo de relación, puede ser uno de los espacios en los que más problemas afectivos se den. No es fácil tener buenas relaciones con nuestra pareja, pues la rutina y las dificultades hacen que nos distanciemos de ella y que se generen conflictos que nos pueden paralizar. Tampoco es fácil el tema con los hijos, con los cuales, dada la brecha generacional y dado lo rápido que va el mundo, se producen muchas distancias que terminan en conflictos que paralizan. Eso sin mencionar a todos los demás familiares que siempre crean problemas en las relaciones interpersonales. Lo importante es comprender que no podemos dejar que nada de eso nos paralice y que todos los problemas, por complicados que parezcan, se pueden resolver con inteligencia, apertura, buena comunicación y perdón.

No sé cómo está tu relación familiar pero sé que puede estar allí la fuente de todos tus problemas. Por eso, lo más urgente es que trates de orar por los tuyos, para poder aceptarlos, comprenderlos, perdonarlos, y para tratar de construir nuevos vínculos que te llenen de paz y de serenidad. Es el momento de recuperar las buenas relaciones con ellos para estar bien. Que tu experiencia de Dios te ayude a rehacer, de la mejor manera, los lazos con tu familia.

Mira todo lo que lograron hacer los cuatro amigos del tullido. Creo que a través de ellos se nos hace una invitación para que vivamos nuestras relaciones de amistad de acuerdo con los valores del Evangelio, el cual nos pide compromiso y solidaridad con las personas cercanas. Sigo pidiendo a Dios que me permita tener amigos con esa disposición y, claro, que yo sea como ellos.

Oración

Padre Dios, te alabamos y te bendecimos por todo el amor que nos muestras a diario.

Gracias por darnos la vida y seguir todos los días creándonos con tu poder.

Gracias por acompañarnos en cada una de las situaciones que vivimos, y mostrarnos en ellas que somos tuyos y que quieres lo mejor para nosotros.

Padre Dios, te agradecemos, sobre todo, el don de tu Hijo; gracias por regalarnos a tu hijo Jesús, gracias por mostrarnos en Él el camino, la verdad y la vida que nos conduce hacia ti. Gracias por permitir que Él sea nuestro amigo; sí, nos emocionamos porque sabemos que tu Hijo nos ha llamado amigos y no siervos, ya que nos revela todo.

Gracias, Padre Dios, por amarnos en Él y por enseñarnos cómo nos debemos amar. Con Jesús hemos aprendido a vivir en el amor y en la amistad. Gracias a su presencia amorosa hemos aprendido a amar sin miedo y con toda la disposición; hemos aprendido a perdonar y a construir relaciones basadas en la sinceridad y en la confianza.

Padre Dios, te damos gracias por cada uno de los amigos que hemos podido encontrar en nuestra vida, a través de ellos hemos podido amarte a ti y hemos podido aprender a amar en libertad. Ellos han sido bendición en los momentos más difíciles de la vida porque han estado presentes con su cariño, y nos han ayudado a salir adelante.

Te pido, Padre Dios, por cada uno de esos amigos, por lo que han sido para mí y lo que yo he sido para ellos. Hoy, de manera especial, te pido que los bendigas, que los cuides, que los protejas; que dondequiera que ellos se encuentren, sientan tu mano poderosa que los cubre, los sana y los libera de todo mal. Sí, Padre, en el nombre de tu Hijo, Jesucristo, nuestro amigo, te pedimos que sanes toda enfermedad que haya en ellos. Echa fuera toda dolencia física, emocional, espiritual que los esté afectando. Muéstrales que los amas haciendo ese milagro que esperan en su vida. Pasa tu mano poderosa y libéralos de toda atadura, que no haya nada que les impida crecer y seguir adelante. Llena el vacío que haya en su corazón y en todo su ser. Hazles sentir que tú los amas y quieres que sean felices.

También te pido, Padre Dios, que me hagas a mí un amigo como los del Evangelio, que sepa descubrir la necesidad de mi amigo, que sepa ayudarlo llevándolo a la presencia de tu Hijo, que venza todos los obstáculos que nos impidan estar cerca de ti y que me esfuerce por presentarlo delante de tu Hijo, que es el perdón, la sanación, la liberación para nosotros. No dejes que mi egoísmo me haga ser indiferente ante su dolor y su necesidad.

Te suplico también, Padre Dios, que actúes en el corazón de mis amigos y que ellos quieran ayudarme a salir adelante, que si en sus manos está ayudarme, no tengan reparos en hacerlo. Te suplico que actúes con tu poder en su corazón para que quites toda indiferencia, todo miedo, toda avaricia y los hagas ser solidarios con mi dolor y mi situación. Que pueda darte gracias porque esos buenos amigos me han ayudado a salir adelante.

Te amo y confío en ti, sé que tú estás ahí para bendecirme y ayudarme. De nuevo, Padre mío, gracias por tu Hijo y por el don de tu Espíritu Santo, que es la fuerza que me ayuda y me mantiene para salir adelante. Te amo y confío en tu poder. Gracias por escucharme y por ayudarme a continuar. Porque sé que en este momento de oración que he hecho he recibido muchas bendiciones, las que necesito para sobreponerme y seguir mi camino. Gracias por sanarme y por darme fuerzas para levantarme de mi camilla e ir a casa a compartir los dones de tu amor. Amén.

Capítulo 3

Las dificultades: tiempo de lamentación, no de queja

Todos pasamos por momentos de dolor y de tristeza. Nadie puede decir que nunca ha sufrido o ha tenido que llorar por el malestar físico o emocional que una situación le ocasiona. El sufrimiento forma parte de nuestra condición humana. La dificultad, la prueba, la tentación son hechos fundamentales en nuestra vida y los tenemos que experimentar con seriedad, no podemos evadirlos creyendo que así los venceremos, porque tienen la fuerza suficiente para imponerse. Siempre ha habido una preocupación: ¿por qué sufre el hombre? Y tal vez lo que más nos inquieta es el padecimiento del hombre bueno. ¿Por qué sufre el hombre bueno?

Una de las explicaciones del hombre antiguo frente a esta cuestión fue la ley de la retribución[12]. Consideraba que el individuo sufría de acuerdo a lo que hacía. Si era malo, sufría; si era bueno, no. En su lenguaje religioso, decía: al que actúa como Dios quiere, Dios lo bendice, y al que actúa en contra de la voluntad de Dios, lo maldice. La dificultad para esta teoría estaba en que en la realidad no siempre se cumplía. Muchos justos sufrían duramente y muchos impíos parecían bendecidos, en prosperidad y salud, por Dios.

---

12 Dios retribuía al hombre según su comportamiento. Si se portaba bien, Dios lo bendecía; si se portaba mal, Dios lo castigaba. En el contexto hebreo, la acción nunca está separada de su resultado.

Esto hacía que se concluyera que nadie era justo porque todos sufrían, o que la razón del sufrimiento debía ser otra. La gente no solo padece por lo que hace sino por lo que es. Somos seres humanos frágiles y eso nos hace proclives al sufrimiento.

El libro de Job es una narración didáctica que trata de reflexionar sobre el tema del sufrimiento del justo, es decir, muestra cómo la ley de la retribución no es verdadera en la vida diaria[13]. Para esto el autor construye un personaje exageradamente justo, en los términos religiosos de la época, y lo hace pasar exageradamente por todas las pruebas para invitarnos a pensar sobre la actitud que debe asumir el hombre justo frente al mal, frente al sufrimiento que padece[14].

En este libro bíblico todo es exagerado, porque su intención es didáctica y no busca darnos una fría información de un acontecimiento sucedido. La idea es comprender el tema que se está tratando y no que nos quedemos en la literalidad de los personajes. Insisto, el relato es bien artificial y nos deja claro su temática: hacernos entender que el sufrimiento no es de malos, sino de humanos.

---

13 Este texto tiene un tono universal. Su lenguaje, su temática y el drama mismo, tal como se expone, quiere expresar lo que le sucede a todos los hombres, no solo a los hombres bíblicos.

14 El autor exagera la rectitud de Job, diciendo que incluso realizaba sacrificios cada vez que celebraba con sus hijos un banquete, para borrar así las posibles culpas cometidas: "E iban sus hijos y hacían banquetes en sus casas, cada uno en su día; y enviaban a llamar a sus tres hermanas para que comiesen y bebiesen con ellos. Y acontecía que habiendo pasado en turno los días del convite, Job enviaba y los santificaba, y se levantaba de mañana y ofrecía holocaustos conforme al número de todos ellos. Porque decía Job: Quizá habrán pecado mis hijos, y habrán blasfemado contra Dios en sus corazones. De esta manera hacía todos los días" (Job 1, 5).

No es cierto que a la gente buena no le suceden cosas malas, ni siquiera lo debemos esperar. Quien conoce la vida sabe que el mal les ocurre a todos los humanos, que no hay nadie que esté exonerado de padecer, de llorar, de frustrarse. Todos sufrimos y lo que tenemos que comprender aquellos que creemos en Dios es cómo enfrentar ese sufrimiento, porque la fe sí debe provocar una respuesta distinta a la que tienen los seres humanos que no viven una experiencia religiosa. Ahí es donde la fe tiene que hacerse notar. No es cierto que al ser cristiano no voy a sufrir. La fe no garantiza que no se sufra. No se puede ver la fe como una garantía de triunfo.

De alguna manera, aquí está en juego cuál es la razón por la que creemos. Somos unos interesados que, esperando que todo nos salga bien y no aparezca ningún problema, tenemos fe en Dios. ¿Es la fe una herramienta utilitarista que solo busca que nos exoneren de los sufrimientos? Realmente, ¿qué nos mueve a creer? El autor, a través de Satán, uno de los personajes que intervienen en el relato, plantea la hipótesis de que el hombre es religioso por interés, esto es, que el hombre ora a Dios siempre interesado en algo, y de que no hay una verdadera gratuidad:

> Y Yahvé dijo a Satanás: ¿No has considerado a mi siervo Job, que no hay otro como él en la tierra, varón perfecto y recto, temeroso de Dios y apartado del mal? Respondiendo Satanás a Yahvé, dijo: ¿Acaso teme Job a Dios de balde? ¿No le has cercado alrededor a él y a su casa y a todo lo que tiene? Al trabajo de sus manos has dado bendición; por tanto, sus bienes han aumentado sobre la tierra. Pero extiende ahora tu mano y toca todo lo que tiene, y verás si no blasfema contra ti en tu misma presencia (Job 8, 1-11).

¿Todo en nuestra vida es interés? ¿No hay nada que esté expresado según la gratuidad? Lo importante es comprender que la experiencia religiosa no se puede leer en clave comercial. No se trata de un trueque o un intercambio de "capitales". Ahí está la clave para tener una experiencia religiosa madura que no nos niegue la posibilidad de ser dueños de nuestro destino pero que a la vez nos haga comprender el papel de Dios en nuestra vida. Ni somos sus marionetas ni estamos totalmente desligados de Él.

En el texto están las dos tesis. El autor, a través de uno de los personajes del relato, Satán, presenta la hipótesis según la cual la religiosidad del hombre no es más que búsqueda de la realización de un interés. El hombre es religioso porque es un interesado en lo que Dios le puede dar; si Dios no le da nada, termina maldiciéndolo y echándolo de su vida. La otra tesis la presenta mediante las intervenciones de Dios. De acuerdo con ella, Él cree en el amor y en la generosidad del hombre. De alguna manera, esta idea expresa la apuesta de Dios por el ser humano. Dios cree que es posible que este ame desinteresadamente; conoce al hombre y lo ama, pero eso no le impide al hombre pasar por momentos de sufrimiento y de prueba.

El amor es la razón de nuestra relación con Dios. Nos unimos a Él, le celebramos el culto porque lo amamos, porque creemos que en nuestra relación gratuita, íntima, libre, con Dios está la plenitud de nuestro corazón. La razón por la que abrimos el corazón para que Él actúe en nosotros está más allá de cualquier cosa material que nosotros podamos tener. Nuestra relación con Dios no puede estar determinada por lo que Él nos pueda dar sino por su propio ser, por lo que Él es, y por la relación en sí. No lo adoramos para que nos evite el sufrimiento. Lo adoramos porque relacionarnos con Dios nos hace plenos, llena de sentido nuestra existencia. El sentido de la religión no está en los regalos de Dios, sino en su presencia en nosotros. Es Él quien llena el vacío de nuestro ser. Lo que importa es su presencia en nosotros y no si sufrimos o no sufrimos.

Si la actitud del creyente no puede ser adorar el sufrimiento ni adaptarse a él, ni esconderse tras su declaración de fe para creer que es una decisión inamovible de Dios, ni pensar que todo está perdido y que no se puede hacer nada más; si el sufrimiento no es la consecuencia de mi pecado sino que es fruto de mi condición humana, ¿cuál debe ser, entonces, nuestra reacción, como hombres de fe, frente al sufrimiento, frente a la prueba? Desde el punto de vista de mi lectura existencial del texto de Job, les propongo tener presentes unas actitudes. Está claro que no se trata de fórmulas mágicas sino de actitudes que puedes usar en este momento difícil que estás viviendo.

1. *Aceptación*. Cuando sabemos quiénes somos y de qué estamos hechos, comprendemos que debemos admitir las dificultades y los problemas que tenemos como consecuencia de nuestra condición humana. Está claro que no vamos a festejar los dolores que padecemos ni vamos a desear sufrir, pero también está claro que tenemos que reconocer lo que vivimos. Tenemos que aceptar lo que somos: seres humanos. Esto implica que asumamos las consecuencias de esa condición. Job expresa esa aceptación en los siguientes términos: "Desnudo salí del vientre de mi madre, y desnudo

volveré allá. Yahvé dio, y Yahvé quitó; sea el nombre de Yahvé bendito" (Job 1, 21).

No se trata de una actitud pusilánime. Se trata de comprender que nada se gana negando la realidad que está al frente y que se impone con fuerza. Solo cuando se acepta la realidad se puede trabajar sobre ella, se puede transformar. En el espacio religioso, esto implica un reconocimiento de quién es Dios para el hombre. En el espacio del no creyente, se trata de aceptar la realidad tal cual es y no caer en la trampa de idealizarla o de distorsionarla desde la perspectiva de nuestros miedos o deseos.

En el plano de la fe, esta actitud consiste en comprender que nuestra existencia está en las manos de Dios y que Él actúa. En lenguaje religioso, es ser sumiso al acatar la voluntad de Dios. Para los que no tienen fe, se trata de entender que la aceptación es el primer paso para superar la situación que se vive. Es probable que te estés negando a admitir tu circunstancia, y eso te hace sufrir más. Creo que es el momento de captar que sin aceptación no se puede vencer el problema y por eso lo primero que tienes que reconocer es que te está sucediendo algo. Que aunque no lo mereces, ni lo buscaste, ni quisiste que te ocurriera, en este momento te está pasando y alguna explicación debe tener.

Job lo acepta de acuerdo con su experiencia de Dios. Entiende que nada de lo que tiene lo puede llevar más allá de la tumba. Reconoce que lo que tiene, aun la propia existencia, no es fruto de su trabajo, de su esfuerzo, sino de la generosidad de Dios. Así como Job no hizo nada para recibirlo, ahora tampoco debe hacer nada por perderlo. Se trata de comprender que todo está en las manos de Dios y que en Él todo encuentra su sentido.

Para ti, podría ser comprender que no todo lo tienes bajo control, que no eres el dueño del mundo y que hay situaciones que van más allá de tus propios límites. Asumir que el dolor forma parte de la vida y que si quieres superarlo es necesario que lo aceptes. Rebelarnos contra la realidad que estamos viviendo no parece inteligente.

2. *Reflexionar*. Es necesario saber lo que está pasando y por qué está pasando. Hay que tratar de encontrar la explicación de ese sufrimiento. Lo más probable es que sea fruto de nuestras decisiones equivocadas o del comportamiento malvado de otro, o, simplemente, consecuencia de nuestra fragilidad. No podemos vivir la situación sin el ejercicio del entendimiento. Muchas veces con solo entender lo que está ocurriendo comenzamos a tener paz en el corazón y a saber reaccionar frente a la circunstancia en la que estamos.

Seguro habrá que responder las preguntas de los amigos[15], enfrentarse a las afirmaciones de los extraños y tratar de dar una explicación consistente a todos los que se acercarán para enterarse de lo que ha pasado. Aquí puede estar la prueba más fuerte que el dolor y la frustración nos ponen; es la prueba al intelecto mismo porque, sin dar una explicación, las preguntas de los amigos son una tortura. Es valioso entender todo inteligentemente. Con certeza, eso no

---

15 En el relato del libro de Job, los discursos que hacen los amigos son bien interesantes porque le plantean muchas preguntas y sugerencias al personaje. Casi podríamos decir que allí también hay una prueba, la de presentar todo de manera coherente para ellos.

te quitará la aflicción que tienes, pero sí te hará estar más tranquilo.

Una de las explicaciones que el hombre encuentra más rápido es proyectar lo ocurrido como una obra de Dios, pensar que fue Él quien actuó así y por tanto es Él quien debe explicarlo. Esta actitud, además de irresponsable, no es la que un hombre de fe debe tener. Dios no es el culpable de nuestro dolor. Él no ha hecho nada para que suframos y lloremos. Dios quiere lo mejor para nosotros. Si tenemos que encontrar una razón tiene que ser más allá de la acción de Dios; no tiene sentido culparlo y rebelarnos contra Él como si fuera un titiritero que juega con nuestro destino.

Creer esto es una manera de negar nuestra libertad y por ende nuestra responsabilidad. Las circunstancias que hoy nos hacen sufrir y llorar han sido fabricadas por nosotros con cada una de las decisiones que tomamos en el pasado. Job prepara un alegato contra Dios, sueña con decirlo delante del tribunal; en el estrado, acosa a Dios con preguntas a fin de ganarle:

> Diré a Dios: ¡No me condenes, hazme saber por qué me enjuicias! ¿Acaso te está bien mostrarte duro, menospreciar la obra de tus manos, y el plan de los malvados avalar? ¿Tienes tú ojos de carne? ¿Como ve un mortal, ves tú? ¿Son tus días como los de un mortal? ¿Tus años como los días de un hombre? ¡Para que andes rebuscando mi falta, inquiriendo mi pecado, aunque sabes muy bien que yo no soy culpable, y que nadie puede de tus manos librar! Tus manos me formaron, me plasmaron, ¡y luego, en arrebato, quieres destruirme! (Job 10, 2-8).

Al final del alegato, Job hace una acusación que expresa bien la situación humana: "Y algo más todavía guardabas en tu corazón, sé lo que aún en tu mente quedaba" (Job 10, 13). Job toma conciencia de su fragilidad dejando claro que siempre hay algo más, que siempre hay algo que lo supera, que de alguna manera Dios siempre tiene una última palabra. Este es el espacio de la pregunta existencial más profunda. Hago todo, lucho con todas mis fuerzas, doy lo mejor de mí, pero sé que siempre hay algo más, que está fuera de mi alcance. Esto nos lleva a la fe o al desespero. Mi opción y mi propuesta es que nos lleve a la fe, a luchar y dar lo mejor de ti, pero a estar en sus manos. Sé que a veces esto no se entiende y nos genera muchos sinsabores, pero es el esfuerzo que tenemos que hacer.

En ocasiones, no se entiende, pero sí se puede intentar hacer un ejercicio de solidaridad con aquellos que sufren más que yo, que solo experimentan frustración, dolor, marginación y desprecio. Pasar por situaciones duras nos debe llevar a comprender a los hermanos que viven peores situaciones, nos debe hacer solidarios con ellos.

Cuando intentamos entender, a la luz de la fe, preferimos hablar de meditación. Es decir, tratamos de buscar el sentido de Dios en lo que está sucediendo. Para ello lo leemos en la palabra, esto es, en los textos bíblicos que iluminan nuestra existencia y en los cuales Dios muestra su voluntad, o a partir de nuestra propia experiencia espiritual para, en oración, tratar de encontrar el significado a todo lo que estamos viviendo.

¿Has intentado entender qué es lo que te ha pasado? ¿Cómo llegaste a esta situación? ¿Eres consciente de tu responsabilidad en esto? ¿Te has interrogado por el sentido de esta circunstancia? ¿Tienes claro qué debes hacer para que esto no se vuelva a repetir? Son preguntas que debes hacerte para intentar entender todo lo que está pasando; tal vez eso no te quite el dolor ni lo que sientes, pero sí podrás explicar mejor a tus amigos lo que te ha pasado.

También hay que tener presente que uno de los objetivos de esta reflexión es ser dueños de nuestros pensamientos. En momentos de dificultad, de tristeza y de dolor, con nuestros pensamientos creamos situaciones mentales que nos atormentan más que la propia realidad. Reflexionamos para organizar bien los pensamientos, para tenerlos bajo control, para no dejar que ellos nos lleven a la desesperación. Gran parte de nuestro sufrimiento nace de la preocupación, de ese ejercicio humano de adelantarse a lo que va a suceder y darlo por hecho.

El ejercicio sano de la reflexión te tiene que llevar a cortar de un tajo todos esos pensamientos que, por muy racionales que parezcan, son destructivos. Tienes que tomar la decisión, una y otra vez, de apartarlos de tu mente. Para ello ayuda mucho el poder enfocarse en lo que se está haciendo. Tratar de captar no solo racional sino sensiblemente todo lo que está a nuestro alrededor en ese momento en el que queremos dejar a un lado esas ideas que nos destruyen y no nos permiten estar en paz para enfrentar la realidad.

Ten claro que no todo se puede comprender; definitivamente hay muchas cosas que se funden en el misterio y tenemos que aceptarlo. Lo digo porque la reflexión y el interés por organizar todo no se pueden volver una fuente de mayor sufrimiento. Si no alcanzas a entender, entonces te hundes en el misterio, claudicas ante él y fluyes. No tienes el control de todo. Cuando el esfuerzo por entender se hace fuente de sufrimiento y de dolor, es mejor hacer algo, enfocarse en algo.

3. *Lamentaciones*. En la experiencia bíblica tenemos a varios personajes que, por la situación que viven, se lamentan ante Dios de su situación. Pensemos en Jeremías (20, 14-18), Jonás (4, 1-3), Elías (1 Reyes 19, 3-4), quienes en los momentos más difíciles de sus ministerios se lamentan ante Dios, con palabras que pueden ser fuertes pero que expresan lo que vive el corazón humano y que tal vez por eso están en la Biblia y nadie las quitó.

En el mundo occidental, lamentarse tiene un sentido muy negativo. Significa fundamentalmente resignación, repliegue sobre uno mismo, incapacidad de autoayuda, maldición, negación de Dios y de la realidad que se vive. Pero en el mundo bíblico la lamentación está siempre emparentada con la oración, es más un elemento de invocación a Dios, de súplica, que una manifestación de desprecio por Él. Se queja el hombre que cree que no hay nada que hacer y encuentra en este hábito una manera de expresar su frustración. Se lamenta el hombre de fe que grita a su Dios el dolor que siente sabiendo que Éste algo puede hacer siempre.

La lamentación, en este contexto, es una oración de limpieza del alma, hace que el alma se desahogue, que bote todo lo que la daña, que expulse ese dolor y esa tristeza que están presentes en el corazón. Insisto, la lamentación purifica y libera. Hay que tener muy claro que cuando, en el contexto bíblico, hablamos de lamentación, no estamos hablando de queja. Es muy común quejarse. A algunos se les ha vuelto hasta una manera de vivir, y la queja es rebeldía, es pelea, es inconformidad con todo, es un grito sin sentido; no hay solución, no hay respuestas, sino manifestación de la incomodidad de la situación sin creer que haya remedio. Es darse golpes contra las paredes para botar lo que se tiene dentro, pero sin ninguna intención de encontrar una puerta de salida.

La lamentación es llorar ante Dios. Es expresarle a Él lo que se siente con la confianza de su poder. Es manifestar la incomodidad que se está teniendo pero sabiendo que Dios responde siempre. La lamentación es oración. El que no conoce a Dios se queja y cree que todo está perdido. El que tiene una relación con Dios se lamenta, sabiendo que está en las manos de su Padre y que este actúa invariablemente en su favor. Hay que aprender a llorar ante Dios, en medio de la dificultad, porque siempre hay una solución, una respuesta que nosotros, por nuestros propios medios, no hemos encontrado.

La lamentación es productiva porque nos hace liberarnos del dolor interno que tenemos. Quien se lamenta ante Dios echa fuera el peso que no lo deja vivir y que lo hace sufrir. Algunas veces parece un reclamo a Dios, pero realmente es una manifestación de lo que se tiene dentro. Son reclamos fuertes pero que tienen que ser entendidos en una relación de amor; de hecho, estos gritos desgarradores normalmente están expresados sobre la base de la alianza, del amor compartido, de la esperanza que la relación ha permitido tener. Un ejemplo claro de esto es el profeta Jeremías:

> Maldito el día en que nací; el día en que me dio a luz mi madre no sea bendito. Maldito el hombre que dio la noticia a mi padre, diciendo: ¡Te ha nacido un hijo varón!, haciéndolo muy feliz. Sea ese hombre como las ciudades que el Señor destruyó sin piedad; oiga gritos de mañana y alaridos al mediodía, porque no me mató en el vientre para que mi madre hubiera sido mi sepultura, y su vientre embarazado para siempre. ¿Por qué salí del vientre para ver pena y aflicción, y que acaben en vergüenza mis días?

En el fondo lo que hay es una súplica, una petición de ayuda expresada con las imágenes más fuertes. Lo que está diciendo es: necesito de tu ayuda, de tu fuerza, que apartes de mí toda esta situación, hazme vivir en tu presencia. No se puede entender como un desprecio a Dios porque él sigue en relación con Dios después de esta oración. Si estuviera echando a Dios de su vida, no volvería a buscarlo y a querer su ayuda.

El profeta Elías es otro ejemplo. "Elías tuvo miedo, y se levantó y se fue para salvar su vida; y vino a Beerseba de Judá y dejó allí a su criado, y anduvo por el desierto un día de camino, y vino y se sentó bajo un arbusto; pidió morirse y dijo: Basta ya, Señor, toma mi vida porque yo no soy mejor que mis padres" (1 Reyes 19, 3-4). En estas palabras hay un sentimiento de frustración, pero Elías lo vive de cara a Dios, pone todo lo que es en sus manos. Es un reconocimiento de quién es Dios para él: el dueño de la vida y, por eso, la entrega.

La lamentación es oración. Es confesión de fe. Es liberación de todo lo que se siente. Es hacer que todo ese dolor que está dentro salga expresado en una oración. No se trata de ofensa, ni de desprecio, sino de liberarnos de lo que nos afecta interiormente. Después de orar de esta manera, el hombre debe sentirse en paz, sereno y dispuesto a seguir en la batalla.

¿Sabes lamentarte? ¿Eres uno que se queja demasiado o uno que pone todos sus dolores en las manos de Dios? ¿Cómo manejas esas emociones negativas que tienes dentro? ¿Las expresas? ¿Las reprimes? Debes tener claro que tu relación con Dios te permite decirle lo que sientes, como un hijo le dice todo a su padre, así algunas veces sea con un grito desgarrador y con expresiones de sufrimiento.

Ahora, si no eres un hombre de fe, vale la pena que te des cuenta de que la queja no soluciona nada, que lo único que hace es mantener viva la herida. ¿Cómo puedes expresar todo lo que tienes dentro sin dañar a nadie y encontrar puertas que se abran hacia una solución? No puedes dejar que todo ese dolor se acumule dentro, pues no solo te hace vivir infelizmente sino que se termina somatizando y genera muchas enfermedades físicas. Hay que liberarse de eso que se guarda dentro y que amarga tanto.

El hombre de fe se lamenta ante su Dios. Te invito a ti, si no eres creyente, a encontrar el camino para hacerlo. No puedes dejar eso en tu interior y quejarte de manera repetitiva. Esa actitud no hace ningún bien; al contrario, te enreda más en la madeja que tanto dolor te crea.

4. *Vivir la situación desde el enfoque de la generosidad.* Cuando estamos viviendo un momento de desesperación, de dolor, nos sentimos desmotivados, no hay nada que nos llene ni nos anime a seguir. Job deja claro que no tiene nada, que ni siquiera está motivado por nada de lo que vive: "Por

el alimento tengo mis sollozos, y mis gemidos desbordan como agua. Lo que más temía me sucede, lo que más me aterraba me acontece: vivo sin paz, sin calma, sin descanso, en puro sobresalto" (Job 3, 24-26). Es en esos momentos en los que estamos llamados a encontrar aspectos que nos hagan vivir con un corazón agradecido.

No somos creyentes por lo que podemos tener, no vivimos únicamente por lo que podemos lograr, usar, adquirir. El sentido de la vida también se puede descubrir en el no tener, en la insatisfacción, porque es el momento en el que podemos vivir la plena gratuidad. Seguro que ese momento no lo hemos elegido nosotros y por eso nos cuesta mucho, pero es una oportunidad para comprender la vida de una manera diferente.

Esa situación de dolor, de tristeza, de miedo, de carencia, de desánimo total es una auténtica prueba a nuestra libertad. Es allí donde realmente podemos darnos cuenta de si somos libres o dependemos de lo que poseemos y usamos. Es entonces cuando podemos aprender a despojarnos y vivir libremente. El mejor ejemplo de eso nos lo da Jesús. Su aceptación de la cruz es gratuidad. Es confianza plena en Dios. Es ponerse en sus manos y dejar que Él decida todo. Es una muestra de amor libre. Se entrega para que sepamos que nos ama hasta el extremo. Contemplar al crucificado nos debe dar fuerzas para no desfallecer, para vivir en la gratuidad y comprender que el sentido trasciende todo lo inmediato, lo material, lo útil, etc.

No buscaste estar en esta situación. La vida, de alguna manera, te la ha impuesto. Es el momento de encontrarle sentido, tratando de ser libre de tantas cosas que te aprisionaban y que tú creías que eran todo para ti. Es la oportunidad para encontrar la paz, no en las cosas que tienes, no en la realización de tus planes, sino en la gratuidad, en el estar en las manos de Dios. No se trata de resignación.

Se trata de vivir el momento en clave de libertad. Es la ocasión para descubrir el sentido de la vida en la libertad. Eso exige un proceso espiritual, un proceso de ir más allá de los límites que nuestra manera de hacer el mundo nos ha puesto. Se trata de trascender y de darnos cuenta de que somos mucho más que placer, riqueza, utilidad. Creo que en momentos como estos es cuando más espirituales podemos ser porque no tenemos la posibilidad de confundir a Dios con ninguna de las cosas que Él nos puede dar. No nos ha dado nada, es el momento de amarlo a Él y no sus dones.

5. *Hay que actuar. Basados en la fe, tenemos que aprender a actuar*. No podemos quedarnos quietos ante lo que estamos viviendo. Es necesario que intentemos solucionar la situación. Dios no nos va a resolver la dificultad si nosotros no somos capaces de ponernos manos a la obra. El refrán popular es muy claro: "A Dios rogando y con el mazo dando". El sufrimiento no nos puede paralizar sino que, al contrario, nos tiene que catapultar a actuar y a tratar de superarlo.

Si el problema es una enfermedad, hay que dar la batalla médica y espiritual. Hay que seguir las indicaciones de la ciencia y, a la vez, orar para que Dios haga su voluntad. Si se trata de un conflicto que nos está haciendo sufrir, hay que buscar la manera de solucionarlo, no podemos quedarnos con las manos amarradas. Confías en Dios pero luchas para vencer. Cualquiera que sea la situación, hay que elaborar el plan de acción para intentar salir adelante. Hay que trasformar lo que queremos que sea distinto.

Es necesario que esta actuación sea inteligente y firme. Inteligente, porque no podemos tomar decisiones a la carrera ni actuar sin prever las consecuencias que vamos a ocasionar. Las respuestas que debemos dar a los problemas tienen que ser capaces de solucionarlos; no se trata de responder a problemas con más problemas. Esta es una de las tendencias que tenemos muchos, y por eso no logramos resolver los dilemas sino que generamos nuevos. Firmes, porque las dificultades no se resuelven con un chasquido de dedos y es necesario comprometerse, con sacrificios y renuncias, a superarlas. Me gusta entender el compromiso como el sostener en el tiempo una decisión tomada, esto es, no solo basta con tomar una decisión sino que hay que trabajar día a día en ella.

Muchas veces esa decisión es consensuada con los que están a nuestro lado y nos ayudan en la construcción de la vida o es fruto de la asesoría de algunos expertos —personas idóneas— que nos muestran posibles caminos de salida. Lo cierto es que siempre esas soluciones tienen que ser fruto de nuestras decisiones y acciones; otros no podrán resolver nuestros problemas existenciales.

Te imagino pensando que no hay nada que hacer. Esa es una de las conclusiones más comunes que sacamos. No tengo nada que hacer frente a esa dura situación. Eso es falso, siempre hay algo que hacer. No podemos dejar que el pesimismo y el negativismo nos quiten cualquier posibilidad de actuar. Hay que comprender la realidad y actuar con firmeza.

Actuar implica tener confianza en ti mismo, en tu gente y en Dios. No se actúa pensando en que todo va a fracasar, se actúa con la certeza de que se podrá encontrar solución al problema que se experimenta. No se actúa al azar sino con la seguridad que da el haber pensado, planeado, discernido y decidido que eso es lo que hay que hacer. Aceptas, meditas, te lamentas, pero siempre actúas. Es la manera de hallar posibles caminos. Necesitamos generar acciones para superar el sufrimiento, sin proyectar sobre los demás las causas del mal que estamos experimentando. No basta con orar y serenarnos en Dios sino que hay que hacer algo. Lo que queremos que cambie tenemos que cambiarlo.

Nadie gana los partidos de fútbol antes de jugarlos. Así pasa con las respuestas que les damos a las dificultades: solo cuando las hemos vivido sabemos si son válidas o no. Por eso no puedes tenerle miedo a no estar totalmente seguro de la victoria; siempre hay un riesgo y hay que asumirlo. Muchas personas, por esperar a tener la certeza de que su actuación va a ser totalmente eficaz, no hacen nada y se quedan hundidas en el problema. Siempre hay que intentar parar el derrumbe y hay que hacerlo de la manera más inteligente y firme posible.

El miedo nos paraliza y no nos permite enfrentar el problema con audacia, para pasar a esa zona en la que experimentamos la satisfacción de haber vencido con un plan estratégico que nos ayudó a tomar las acciones adecuadas. El miedo también nos lleva a deformar la realidad, y por eso problemas pequeños parecen insolubles ante nuestros ojos, porque no percibimos la realidad tal cual es. A ciertas personas, ante los problemas que tienen que enfrentar, les pasa como a los exploradores que Moisés envió antes de entrar a la Tierra Prometida (Números 13, 1-33). Al volver y dar el informe a Moisés, algunos de ellos están desanimados, describen el territorio como impenetrable y poblado por gigantes; el miedo y el desgano les hacen ver la realidad de manera distorsionada. Entre ellos hay dos personas que no tienen miedo, Josué y Caleb. Su confianza en Dios los anima a enfrentar sus problemas con entusiasmo, saben que no va a ser fácil, deben crear estrategias para vencer, pero tienen la plena certeza de que Dios los acompaña, y por eso animan a los demás a ir a la batalla con estas palabras: "La tierra que hemos recorrido en exploración es una tierra excelente. Si el Señor nos aprecia, nos hará entrar en ella y nos la dará: es una tierra que mana leche y miel. Pero no se rebelen contra el Señor ni teman al pueblo del país, porque los venceremos fácilmente" (Números 14, 7-9).

6. *Confianza en Dios*. El libro de Job termina con una declaración de confianza de este hombre en Dios. El que ha alegado, el que ha preguntado, el que ha tratado de expresar sus argumentos ahora se entrega en una oración de confianza. No lo hace como un derrotado, sino como alguien que ha descubierto cuál es el sentido de todo.

Si creemos en su amor y comprendemos que la experiencia religiosa es una experiencia de amor, entonces solo queda confiar en Él, porque nadie quiere dañar a su "amado" de manera deliberada. Reflexionemos un poco sobre esa manifestación de confianza:

> Respondió Job a Yahvé, y dijo: Yo conozco que todo lo puedes, y que no hay pensamiento que se esconda de ti. ¿Quién es el que oscurece el consejo sin entendimiento? Por tanto,

> yo hablaba lo que no entendía; cosas demasiado maravillosas para mí, que yo no comprendía. Oye, te ruego, y hablaré; te preguntaré, y tú me enseñarás. De oídas te había oído; mas ahora mis ojos te ven. Por tanto me aborrezco, y me arrepiento en polvo y ceniza (Job 42, 1-6).

Job parte de una afirmación que luego va a ser usada por Jesús y el arcángel Gabriel: "Nada es imposible para Dios". Esa es la base de toda confianza, saber que Dios lo puede todo, que su poder no tiene límites y que puede actuar con su fuerza en nuestra vida. A pesar de nuestras incomprensiones, de las evidencias físicas, de los límites que la ciencia ha encontrado, está su actuación misteriosa. Esa confianza también está basada en la constatación de lo inconmensurable que es Dios frente a nuestra propia realidad. Dice Job: "Por tanto, yo hablaba lo que no entendía; cosas demasiado maravillosas para mí, que yo no comprendía". Él sabe que Dios lo sobrepasa, y de alguna manera, cuando peleamos con Dios, estamos hablando de lo que no entendemos.

Pero tal vez donde queda mejor expuesta la enseñanza del libro de Job es en la expresión "De oídas te había oído; Mas ahora mis ojos te ven". A Dios no se le puede comprender si no se tiene una experiencia con Él. No basta con oír predicaciones, estudiar textos de catequesis, conocer los compendios doctrinales; es necesario vivir una experiencia con Él, saberlo, sentirlo, amarlo y dejarse amar por Dios. A Job le queda claro que todo lo que vivió y lo hizo reaccionar, en alegatos, contra Dios era fruto de lo que no conocía, de lo que había oído, y que de algún modo no lo preparaba para ser un verdadero creyente.

A muchos de los que me leen y dudan del poder de Dios les pasa lo mismo: no dudan de Dios sino de lo que han oído de Él, porque no lo conocen y no han tenido una experiencia íntima con su amor. Estoy seguro de que quien lo conoce y tiene una relación con Dios no solo cambia su vida sino que no puede ver ninguna situación si no es según su encuentro con el Señor.

La experiencia del sufrimiento tiene que ser respondida por un creyente de acuerdo a su relación con Dios, a la experiencia de amor con Él, a saberlo presente en su vida, a la confianza en el Señor por todo lo que ha vivido anteriormente. Con lo que sabemos de oídas de Dios no basta para enfrentar los momentos difíciles que se nos presentan. No somos capaces de responder a esas situaciones con lo que nos han contado, es necesario partir de la vida vivida, compartida. Eso es lo que tiene claro Job después de todo lo que ha sufrido y discutido con Dios.

Job ha debatido con argumentos, con razonamientos, ha tratado de comprender todo con su razón y ha planteado preguntas serias, sensatas, firmes, pero ahora se funde en el misterio en un acto de confianza. No trata de claudicar en la lucha por el entendimiento y el control de todo, sino de aceptar que hay situaciones que nos superan y que solo en Dios encontramos respuesta, paz, serenidad para seguir. No es el hombre vencido sino el que confía. Es el hombre que se descubre amado y ama con todas sus fuerzas.

En esto consiste la verdadera victoria del creyente sobre el sufrimiento, en abandonarse, en hundirse en el corazón del misterio siempre sorprendente de Dios. Él constantemente nos ayuda y nos da más de lo que estamos buscando. Pero tenemos que vivir una experiencia de amor, de entrega, de confianza con Él. Por eso no debemos caer en la tentación de creer que todo está perdido, pues siempre habrá una solución en el amor infinito y creativo del Dios uno y trino. Cuando te sientas entre la espada y la pared, ten la certeza de que podrás, con el apoyo de Dios, tumbar la pared para seguir adelante. Es lo que entiende Moisés:

> Y cuando Faraón se hubo acercado, los hijos de Israel alzaron sus ojos, y he aquí que los egipcios venían tras ellos; por lo que los hijos de Israel temieron en gran manera, y clamaron al Señor. Y dijeron a Moisés: ¿No había sepulcros en Egipto, que nos has sacado para que muramos en el desierto? ¿Por qué has hecho así con nosotros, que nos has sacado de Egipto? ¿No es esto lo que te hablamos en Egipto, diciendo: Déjanos servir a los egipcios? Porque mejor nos fuera servir a los egipcios, que morir nosotros en el desierto. Y Moisés dijo al pueblo: No temáis; estad firmes, y ved la salvación que el Señor hará hoy con vosotros; porque los egipcios que hoy habéis visto, nunca más para siempre los veréis. El Señor peleará por vosotros, y vosotros estaréis tranquilos (Éxodo 14, 10-14).

No sé si eres una persona de fe o no, pero creo que la actitud de confianza que expone Moisés —y que es la misma de Job— se vuelve una invitación para actuar así: sin temor, que es la manera de decir con confianza. El que tiene una relación personal e íntima con el Señor sabe que Dios no lo dejará metido en la situación y por lo mismo debe confiar y estar firme. Es claro que no se enfrentan los momentos difíciles con inestabilidad, con inseguridades; hay que estar fuertes, y estar atentos para ver el actuar de Dios. Es la actitud del que sabe que, a la luz de su experiencia de fe, puede salir adelante. Pero está claro que si no tiene fe, también debe vivir estas tres actitudes, ya que el miedo le impide saber cómo reaccionar, la firmeza le garantiza ser consistente a la hora de actuar y tener los ojos abiertos le hace ser capaz de encontrar una posible solución.

No hay acciones mágicas, pero Dios sí actúa en nuestra historia. No podemos decir que las dificultades van a desaparecer de la noche a la mañana, aunque debemos tener la certeza de que su poder se hará notar. Por eso no vale la pena entrar en conflictos con Él, ni desesperarse, ni perder el control de la vida, ni hacer de la queja la manera de expresarse. Hay que vivir todas estas situaciones con base en la relación con Él para salir adelante.

Es el momento de decir con el salmista este cántico de confianza en el que manifiestas que lo amas, que esperas en Dios y sabes que Él no te va a defraudar porque te ama y quiere lo mejor para ti:

> Yahveh es mi luz y mi salvación, ¿a quién he de temer? Yahveh, el refugio de mi vida, ¿por quién he de temblar? Cuando se acercan contra mí los malhechores a devorar mi carne, son ellos mis adversarios y enemigos, los que tropiezan y sucumben. Aunque acampe contra mí un ejército, mi corazón no teme; aunque estalle una guerra contra mí, estoy seguro en ella... (Salmo 27, 1-3).

La imagen es bien fuerte. El salmista no temerá aunque lo rodee el ejército enemigo, aunque todo pareciera estar perdido. Fundado en esta lectura de Job te invito a comprender que podemos confiar en Él y salir adelante. Si no tienes fe, pues, estoy seguro de que la confianza en ti, en la vida, te hará mucho bien para no desesperarte y perder el control de todo. Hay que apegarse a la vida, como un don que se nos ha dado, y tratar de aprovecharla al máximo; nunca podemos dejar que el gusto por la vida se nos acabe. Nada mejor que vivir y por eso queremos seguir viviendo.

Si la primera actitud que te proponía era de aceptación, esta última es de confianza. Ambas nos invitan a asumir quiénes somos para poder comprender quién es Dios, porque Él se acerca para estar con nosotros. Somos frágiles y estamos abiertos a pasar por momentos duros y difíciles, pues Él lo es todo, el padre que nos ama y quiere lo mejor para nosotros. Lo que para nosotros suena imposible para Dios no lo es. Y eso nos hace confiar plenamente y aceptar nuestra condición.

Ahora se trata de que hagamos realidad en nuestra vida todo esto sobre lo que hemos reflexionado. Sé que toda las situaciones que estás viviendo y que te hacen sufrir pueden ser enfrentadas mediante actitudes más proactivas que te lleven a comportamientos sanos. Tengo claro que estas páginas te van a ayudar a contar con una mejor actitud frente a estos problemas, pero es necesario que seas capaz de apropiarte de cada una de estas ideas y las hagas tuyas. Que las contextualices en tu propia historia y desde allí trates de encontrar el impulso que te lleve a vivir de una manera diferente.

Seguro leer estas páginas no te quita el dolor ni el sufrimiento, pero sí te ilumina áreas de tu vida en las cuales puedes encontrar caminos para seguir adelante. Es necesario asumir actitudes que te lleven a vivir la vida de una forma más tranquila, serena, positiva, animosa. No puedes estar triste y creer que ya no hay nada que hacer. Es el momento de buscar en tu corazón motivos para seguir, para impulsarte y para sobreponerte a todo lo que te está pasando.

Queda claro en toda la reflexión que lo que vives no es castigo divino, ni es fruto de tu terrible destino. Eso te tiene que llevar a enfrentar todo esto de un modo libre, firme y entusiasta. No hay castigo divino para ti ni para nadie; lo que te sucede no es que Dios ha decidido hacerte pagar tus "pecados" y ha dispuesto una serie de situaciones negativas para ti. No. Está claro que tampoco se trata de un destino terrible del que no puedes librarte —como el de Edipo, por ejemplo— y que te alcanzará dondequiera que vayas. Si eso fuera así, estarías perdido, no tendrías salida.

De acuerdo con la lectura que hemos hecho de Job, nos damos cuenta de que las circunstancias adversas son fruto de nuestras decisiones, de las decisiones de otros, de nuestra condición humana; de que podemos cambiarlas y que para ello tenemos que aceptarlas y trabajar apoyados en nuestra fe. Todo es posible si confiamos en Dios y luchamos de manera inteligente.

Te animo a no dejarte esclavizar por la situación que te hace sufrir, a secarte las lágrimas que corren por tu cara, a no permitir que te invadan las emociones y los pensamientos negativos, a darte cuenta de que eres una persona con muchos valores, con muchos dones y que puedes salir adelante, a revisar todas esas cualidades que en el pasado te han llevado a superar situaciones parecidas y a confiar en el amor de Dios que está abierto para ti.

No es el momento de desesperarse sino de tener paciencia y serenidad. No es el momento de esconderte en tus excusas y justificaciones, sino de dar la batalla y encontrar caminos de solución. No es el momento de culpar a Dios por lo que te está pasando sino de confiar en Él y en todo lo bueno que hace por nosotros. No es el momento de quejarte, haciendo pataletas, sino de lamentarte, de ir a llorar delante de Dios, haciéndole sentir que necesitas de su ayuda y creyendo que puede hacerlo.

Te animo a vivir de una manera diferente todo lo que te está aconteciendo, a vivirlo con la seguridad de que eres alguien capaz y que cuentas con la ayuda de Dios. Sé que duele, que es difícil, que no lo esperabas, que no lo mereces, pero también sé que puedes sobreponerte, que puedes vencer y que encontrarás la ruta que conduce a la felicidad.

Estoy convencido de que, si lo decides, pronto todo esto será historia y podrás mirar hacia atrás por el retrovisor de tu existencia y dar gracias por todo lo que aprendiste y creciste con esa prueba tan dura. Es tiempo de tomar la decisión de comenzar a salir adelante. No te dejes paralizar por todo lo que estás viviendo. Es la ocasión de buscar personas que te puedan ayudar, pues siempre hay gente dispuesta a hacerlo. Siempre hay amigos que quieran darte la mano. Así como los amigos de Job llegaron a cuestionarlo y preguntarle, estoy seguro de que los tuyos llegarán para apoyarte y hacerte sentir su amor.

Está claro que el sufrimiento no tiene el sentido unívoco de la purificación del pecado, sino que es el resultado de nuestra condición humana, y que ponernos frente a Dios propicia una comprensión nueva de ese sufrimiento desde el amor, desde la relación que sostenemos con Él. Esa ha sido la apuesta del libro de Job.

Que podamos decir a Dios —sin ningún resquicio de la ironía que muestra Job—: "Entonces yo mismo reconoceré que fue tu poder el que te dio la victoria" (Job 40, 14). Es lo que Pablo le va a decir a los romanos: "Dios dispone todas las cosas para bien de los que le aman [...] ¿si Dios está conmigo quién contra mí? [...]. En todo salimos vencedores por aquel que nos amó" (Romanos 8, 28, 31, 37). Es esa certeza la que nos puede llenar de paz y la que nos da fuerza para seguir adelante, sin ningún miedo.

Oración

Padre Dios, aquí estoy, sintiendo dolor, tristeza, miedo, desesperación. Aquí estoy sin ganas de seguir adelante, sin fuerzas para seguir luchando, sin ideas, sin opciones. Sabes de la situación por la que estoy pasando, sabes que no la puedo comprender, que me cuesta aceptar cada una de las cosas que me ocurren por estos días. Tú, mejor que nadie, conoces que estoy desesperado y que necesito de tu amor y de tu bendición.

Padre Dios, acepto lo que estoy viviendo. Sabes que no es mi culpa, que no busqué estar así, que son situaciones que no puedo controlar, pero que acepto porque sé que no soy más que barro en tus manos. Acepto que mi condición humana me hace tener este dolor tan fuerte y me hace llorar.

Padre Dios, trato de entender qué pasó y no encuentro explicación. No sé cómo llegué hasta aquí o por qué me traicionaron así. No comprendo qué ganan haciéndome sufrir de esta manera, ni por qué no puedo dejar de pensar en esa persona que no me ama y que me ha dañado mucho. No alcanzan mis razonamientos para discernir qué ha pasado en mi vida, por qué tantas situaciones adversas. No entiendo por qué esa persona se comporta así con mis hijos, que son sus hijos; no sé por qué los rechaza, los ignora o simplemente se hace el que no le importa lo que les pasa. No entiendo, me duele no entender, me hace falta saber qué es lo que sucede para poder actuar, pero no lo alcanzo a hacer y eso me hace llorar mucho más. Sin embargo, las acepto en tu nombre, las vivo en ti, en tu amor infinito, mi Señor.

Padre Dios, sé que Tú me amas y que me das tu corazón. Acepto vivir en él, no quiero más, no necesito más; sé que esta pobreza que experimento, esta soledad, este vacío me hacen mirarte a ti y amarte tal cual eres. No tengo dónde esconderme, todo se ha ido, solo estoy contigo. Este silencio que vivo, este vacío que experimento es una oportunidad para amarte gratuitamente, para saber que lo importante no es lo que me puedes dar, sino Tú mismo. Por eso hoy, en medio de mi dolor, de mi tristeza, de mi miedo, de mi soledad, te recibo a ti como mi Señor y en ti quiero vivirlo todo.

Padre Dios, pero sabes que todo esto me duele, que todo esto me hace llorar y que son momentos muy duros los que vivo. Sabes que no quisiera nada de esto, que me lamento por todas las decisiones que tomé o dejé de tomar y ocasionaron esta situación. Te pido que me quites este dolor que tengo dentro. Grito mi angustia, mi desesperación, mi ansiedad. Las expongo delante de ti porque solo Tú puedes escucharme, ayudarme y hacer algo para que todo cambie. Señor, Padre mío, escucha la voz de este, que está vuelto nada y que requiere de tu ayuda. Tiende tu mano y ayúdame a mí, porque siento que no puedo hacer nada por mí mismo.

Padre Dios, confío en ti, porque a lo largo de mi historia siempre he experimentado tu ayuda, porque nunca me has defraudado y siempre te has mostrado fiel conmigo, por eso confío en ti y te entrego todo lo que estoy viviendo. Sé que me ayudarás y me cuidarás. Sé que todo esto que te estoy diciendo tendrá en ti una respuesta, sé que meterás tu mano en mi vida y me harás levantar con ánimo y con fuerza de esta situación. Desde ya te doy gracias por tu poder maravilloso que va a ayudarme. Confío en ti y sé que, pase lo que pase, saldré bien en tus brazos, viviendo la victoria. Te amo y te pido que sigas actuando en mi favor. Gracias por escucharme, por dejarme expresar todo lo que hay en mí. Te amo y te confío cada uno de mis días.

Padre Santo, Padre fuerte, Padre Inmortal, recibe mi plegaria. Te la ofrezco en el nombre de tu hijo Jesús, que murió en la cruz para que yo tuviera vida. Amén.

Capítulo 4

Conquistando soluciones

Los seres humanos somos los administradores de nuestra vida. Administradores libres, conscientes y responsables. Todos debemos tener claro que la vida hay que vivirla, desarrollarla, gozarla, según nuestras capacidades de decidir. No podemos asumirla como una realidad terminada. Somos un proyecto en construcción. Estamos realizándonos en cada decisión y en cada acción. Somos unos constructores de nosotros mismos.

A la luz de la fe, creemos que la vida es un don de Dios, que nos la ha dado para que nosotros sepamos edificarla. Nuestra vida no es fruto de nuestra propia decisión sino de la de otros. Eso expresa para nosotros que la vida nos es dada o, al decir de algunos, nos es impuesta; en una frase: no decidimos nosotros mismos vivir. Como personas que tenemos una relación con Dios y que hemos descubierto su presencia entre nosotros, creemos que es un don, un regalo que Él nos hace. Nos la da, pero no terminada. Nos la da como un obsequio que tenemos que desarrollar.

Dios respeta nuestra libertad y nuestra conciencia, y de eso hay muchos testimonios en la Biblia; también respeta nuestra responsabilidad frente a las decisiones que tomamos, pero no nos evita los sufrimientos, que son fruto de lo que hacemos, ni nos da lo que no hemos trabajado. Creer en Él no se puede entender como que nos programa cual robots para que hagamos su voluntad; creer en Dios es una apuesta existencial basada en la relación personal que establecemos con Él.

La acción de Dios en la historia del hombre tiene que comprenderse como la tensa relación don-conquista. Todo lo que Dios nos da es un regalo, una expresión de su infinita misericordia, pero a la vez también supone un esfuerzo nuestro por aceptarlo y vivirlo. Cuando hablamos de conquistar bendiciones estamos hablando de ese esfuerzo que debemos hacer según nuestra capacidad para descubrir, aceptar y vivir ese regalo de Dios.

Ser un creyente en los momentos de dificultad no significa que oramos para que Dios mágicamente nos solucione todo lo que estamos viviendo; significa luchar duro e intensamente sabiendo que la fuerza de Dios está en nosotros y que Él, dándonos su infinito poder, nos ayuda a vencer. El que ora toma conciencia de la fuerza de Dios en su corazón para seguir bregando. Entiende que no va a salir de esa dura circunstancia por arte de magia, sino como fruto de su esfuerzo bendecido por Dios. Él nos da su gracia pero nos pide nuestra disposición, nos apoya pero exige que pongamos de nuestra parte. Insisto, la bendición debe ser comprendida en esa tensión de don y tarea.

Es muy importante tener esto claro. Orar en momentos de dificultad no es abdicar de lo que tenemos que hacer, sino recibir fuerzas en el encuentro con Dios, para trabajar duro por lo que queremos. Muchas veces el discurso espiritual se centra en todo el infinito poder de Dios y no en la disposición que debemos tener los creyentes para salir adelante. Estoy convencido de que Dios Padre no nos va a alcahuetear nada. Él nos ama y sabe que tenemos que dar lo mejor de nosotros para poder superar la adversidad.

Dios nos ayuda en las dificultades pero nosotros tenemos que luchar para vencerlas. En el contexto bíblico, el paso por las necesidades está expuesto en la imagen del desierto. Los hombres de la Biblia usan esta metáfora para describir esa situación de prueba, de dificultad que vivimos los seres humanos. Centremos nuestra mirada en el desierto bíblico y captemos cómo encuentran el don-tarea de salir de esa situación-lugar para conquistar la Tierra Prometida.

El desierto se expone como el lugar de la soledad (Deuteronomio 32, 10), como situación de desolación (Sofonías 3, 2); como espacio de peligro, porque lo habitan los animales salvajes (Isaías 13, 21; Isaías 34, 14). Allí hay mucha necesidad porque no hay agua, ni vegetación, ni recursos con los cuales vivir (Levítico 16, 22; Isaías 53, 8; Ezequiel 37, 11). Es la región de la tentación, de la prueba, del enfrentarse a la propia condición humana.

En este sentido, el desierto en la Biblia, más que una realidad geográfica, es una realidad existencial que expresa esas situaciones de dolor, de tristeza, de miedo, de frustración, de necesidad, de fracaso por las que todos pasamos. Ahora, está claro que las dos realidades, la espacial y la existencial, tienen muchas cosas en común porque una es metáfora de la otra. No es muy difícil imaginarse cómo se siente estar en el desierto. Es un lugar árido, en el que las necesidades propias de los seres humanos no se satisfacen de manera fácil, en el que la soledad golpea, en el que hay muchos cambios, como un extremo calor y un frío que taladra los huesos; un lugar en el que se siente la fragilidad humana y, por supuesto, en el que nadie desea estar por mucho tiempo. Es probable que tú estés viviendo un momento existencial que podamos expresar diciendo que estás en el desierto.

A veces este paso por el desierto no es corto. Según su manera de expresar las realidades humanas, el Antiguo Testamento dice que el pueblo de Israel, luego de salir de Egipto, pasó cuarenta años en el desierto camino a la Tierra Prometida. De alguna forma, trata de mostrar que la vida de los hombres atraviesa continuamente por experiencias de desierto. Esto es, no es extraño tener dificultades, problemas, necesidades. Lo normal es que los seres humanos tengamos momentos difíciles, siendo también normal que los podamos superar.

En medio del desierto, el hombre de la Biblia, que es una representación del hombre universal, de nosotros mismos que estamos ahí reflejados, vive muchas situaciones y toma actitudes diferentes. Estas casi siempre dependen del momento y de sus producciones emotivas. Estoy seguro de que tú puedes asumir la mejor actitud en el instante que estás viviendo. Para eso es necesario que no dejes que la agitación emocional que puedes estar experimentando sea la que te mueva a decidir qué hacer. No podemos caer en el movimiento pendular en el que cae el pueblo de Dios al pasar por el desierto: cuando inicia el camino y Dios abre el mar en dos para que pueda pasar, canta y danza, está alegre y proclama la victoria; y ese mismo pueblo, cuando lleva algún tiempo de viaje, comienza a sentir fatiga, hambre y sed, se revela y dice "mejor nos hubiéramos quedado en Egipto". En otro momento comienza a renegar de Dios y a decir que Él lo llevó a morir al desierto. No falta el que dice que está harto de comer siempre lo mismo y que ese maná ya lo tiene hastiado, luego de haber dicho que era comida de ángeles, cuando lo probaron por primera vez. Ni mucho menos falta el pretencioso que pide abundancia de carne en medio de dunas de arena.

Esa no puede ser tu actitud. Tú tienes que ser más estable, más sereno, más tranquilo para así tomar las mejores decisiones, actuar de la manera adecuada para vencer los problemas y conquistar las metas que quieres. Ni puedes celebrar hasta perder el sentido de la realidad, ni puedes quejarte y darte por vencido cuando hay mucho que hacer.

Una reflexión que me gusta destacar de esta imagen bíblica es la de que entre Egipto y la Tierra Prometida está el desierto. Es decir, que entre los problemas y las soluciones siempre hay un periodo de lucha, de esfuerzo. Entre la esclavitud y la liberación hay un tiempo de peregrinar, de enfrentar consecuencias y de dar lo mejor. Muchas personas no quieren pasar por el desierto. Quieren pasar de Egipto a la Tierra Prometida en dos segundos y si es posible en un avión supersónico, y eso no es posible. Por lo menos no es lo que la condición humana nos permite vivir. No podemos caer en la trampa de los discursos motivacionales que promueven que será fácil solucionar las dificultades, ni en la de los discursos espirituales que nos hacen creer que la respuesta a los problemas se logra por arte de magia si creemos en Dios. No. Siempre hay que luchar, esforzarse, sacrificarse, decidir y sostener con inteligencia y firmeza esa decisión; es decir, hay que pasar por el desierto.

Siguiendo la imagen bíblica de un pueblo que camina por el desierto nos enteraremos de que no somos los únicos que pasamos por problemas y por situaciones complicadas. Con nosotros camina también un pueblo que lucha, se queja y nos acompaña.

Atravesamos el desierto, no estamos plantados en él, no nacimos para quedarnos ahí, pero es el paso obligado entre la esclavitud y la liberación, entre la enfermedad y la sanación. De nosotros depende si nos quedamos en él. Son nuestras decisiones las que determinarán si permanecemos allí o lo asumimos como un lugar transitorio. La actitud con la que vivimos depende de nosotros, nadie nos puede obligar a tener una actitud diferente a la que hemos elegido. No nos quedemos en el desierto, vamos a conquistar la Tierra Prometida, vamos a alcanzar lo deseado.

No podemos negarnos a atravesar el desierto porque prefiramos quedarnos con el "aunque sea", esto es, con el no somos libres, pero "aunque sea" tenemos un plato de comida; o no soy feliz, pero "aunque sea" tengo un techo; o todo el mundo me maltrata y me humilla, pero "aunque sea" tengo agua para calmar la sed. Esa es una actitud mediocre que no da felicidad. No podemos acostumbrarnos al dolor y a vivir en él por siempre. No podemos creer que hemos sido creados para vivir en el sufrimiento. Somos luchadores, guerreros que saben que están llamados a la plenitud, a la salud, a la libertad, a la satisfacción.

Quedarnos en el desierto, aferrándonos al "aunque sea", es despreciar lo que Dios nos ha prometido: la plenitud, que para el pueblo de la Biblia estaba expresada, en ese momento histórico-social, en tener agua suficiente, techo, leche y miel. Los hombres debemos ser impulsados por esa pasión de infinito que nos late dentro. No te puedes conformar ni resignar, tienes que salir adelante, tienes que vencer todas las dificultades que estás viviendo. Ahora, para lograr ese arribo a la Tierra Prometida, para alcanzar esa solución que estás soñando, tienes que soltar tus falsas seguridades, tus mediocres "aunque sea" y abrirte paso a través de las dificultades, para proclamar la victoria cuando el tiempo sea propicio, para que los esfuerzos den sus frutos y Dios te bendiga con su amor.

Tal vez queremos que las cosas sean ya, que sean como quiero; pero para lograr grandes bendiciones necesitamos prepararnos y asumir lo que ellas cuestan, disponer nuestro corazón y toda nuestra vida para que no caiga en tierra infértil la semilla. Tenemos que dar la batalla y sostenernos en ella con las mejores actitudes. No hay soluciones mágicas, hay soluciones que podemos conquistar con el mejor plan posible.

Para los creyentes, nuestro paso por el desierto está siempre acompañado por la nube del Señor[16], que nos guía, que nos protege y que nos da fuerzas para seguir adelante. Son normales los momentos en los que sentimos que se nos acaban las fuerzas; lo anormal es quedarse creyendo que así es y será para siempre y que no hay nada que hacer, porque estamos en camino y nuestra meta está prometida por un Dios que es dueño de la victoria.

16 El libro del Éxodo expresa con la figura de la nube la presencia protectora de Dios experimentada por el pueblo en su camino por el desierto: "El Señor caminaba delante de ellos, de día en una columna de nubes para guiarlos; de noche, en una columna de fuego, para alumbrarles; así podían caminar día y noche. No se apartaba delante de ellos ni la columna de nubes de día ni la columna de fuego de noche" (Éxodo 13, 21-22).

La llegada a la Tierra Prometida está narrada en el libro de Josué y está expresada como una conquista, con lo que queda aún más claro lo que hemos reflexionado al inicio: la Tierra Prometida es un regalo, pero el pueblo de Dios tiene que conquistarla. La tierra que Dios les ha dado tiene otros dueños, a quienes deben vencer. Por eso creo que tú, que estás viviendo una situación de dolor, de tristeza, de enfermedad, puedes encontrar en todo ese proceso de conquista un mensaje de motivación y un camino para salir adelante.

El libro de Josué es un relato fruto de su época y de su manera de entender la vida. Al leerlo hay que comprender que su verdad de salvación no está en el ejercicio bélico que nos presenta, ni en las acciones violentas que narra, sino en el cumplimiento de la promesa de Dios y en su fidelidad para darle al hombre lo que le ha prometido. La idea no es quedarnos en la investigación de las batallas que allí se exponen, ni en las acciones sangrientas con las que se busca obedecer a Dios, sino comprender cuál es la experiencia de salvación que está comunicando el relato.

Al leerlo nos damos cuenta de que está construido según el referente del libro del Éxodo. De alguna manera el paso del río Jordán está comprendido y contado de acuerdo con la experiencia de la Pascua y forma una unidad con los primeros cinco libros de la Biblia. Por eso algunos han considerado que es mejor hablar de Hexateuco (incluyendo a Josué) en vez de Pentateuco.

¿Cómo conquista el pueblo bíblico, liderado por Josué, la Tierra Prometida? ¿Qué me puede aportar a mí, como un ser humano del siglo XXI, ese ejemplo? Quisiera proponerles a continuación las actitudes que considero fundamentales en nuestra tarea de conquistar las bendiciones que estamos pidiendo a Dios y que necesitamos para salir adelante en nuestra existencia.

1. *Esfuerzo y valentía.* Al morir Moisés, Dios llama a Josué, hijo de Nun, ministro de aquel, y le dice: "Moisés mi siervo, ha muerto. Ahora, levántate y pasa el Jordán con todo este pueblo, para ir hacia el país que voy a darles" (Josué 1, 2). La empresa es gigante. Dirigir a este pueblo no es una misión fácil. Josué ha visto cómo se le ha rebelado a Moisés y lo ha hecho sufrir hasta más no poder. Atravesar el río Jordán no se presenta como una tarea sencilla, pues no tienen las herramientas necesarias para hacerlo. Ingresar y vencer a los habitantes de esa tierra parece un imposible, según algunos de los exploradores que enviaron (Números 13, 28-29). Eso lo sabe Josué y, seguro, manifiesta sus reparos ante el llamado que le está haciendo Dios[17].

Imagino que es la misma sensación que tú tienes cuando lees aquí que puedes sobreponerte a la situación que estás viviendo. Hasta te habrás dicho: "El padre Linero dice eso porque no conoce la complejidad y la inmensidad de mi situación". Ahí está nuestra primera tarea para alcanzar la bendición que necesitamos y queremos. Tenemos que quitarnos de la mente toda idea pesimista de la realidad. Está bien, es difícil, pero no podemos creer que sea imposible. ¿Cómo ganar una bendición si creo que es imposible obtenerla? Realmente no conozco caminos para hacerlo. Creo

17 El texto no trae reparos explícitos de Josué ante el llamado de Dios, pero la exhortación que Dios le hace al asistente del difunto Moisés nos permite creer que no pone una buena cara ante la tarea que le proponen.

que todos tenemos que creer que podemos y que si estamos en esa situación tenemos que enfrentarla y salir airosos.

Siempre me han impactado las palabras que Dios le dice a Josué:

> Nadie te podrá hacer frente en todos los días de tu vida; como yo fui con Moisés, seré contigo; no te dejaré, ni te desampararé. Esfuérzate y sé valiente; porque tú harás heredar a este pueblo la tierra por herencia, de la cual juré a sus padres que la daría a ellos. Solamente te pido que te esfuerces, y seas muy valiente, para que guardes y hagas conforme a toda mi ley, que Moisés, mi siervo, te mandó; que no te apartes de ella ni a diestra ni a siniestra, para que seas prosperado en todas las cosas que emprendieres. El libro de esta ley nunca se apartará de tu boca; antes de día y de noche meditarás en él, para que guardes y hagas conforme a todo lo que en él está escrito; porque entonces harás prosperar tu camino, y entonces todo lo entenderás. Mira que te mando que te esfuerces, y seas valiente; no temas ni desmayes, porque yo el Señor tu Dios soy contigo en donde quiera que fueres (Josué 1, 5-9).

Dios le pide confianza en el ejercicio de su tarea, asegurándole que Él lo acompañará como acompañó a Moisés. Nadie puede iniciar un proceso de sanación, de liberación, de resolución de las dificultades creyendo que no es capaz de hacerlo. Josué tiene una gran tarea por delante, pero cuenta con la ayuda de Dios. Creo que así tienes que entender tu posibilidad de actuar: Dios está a tu lado y tú tendrás que dar lo mejor de ti.

Ahora, Dios le pide a Josué dos actitudes muy concretas para poder iniciar la empresa: esfuerzo y valentía. Nada que sea muy valioso es fácil. Quien quiera lograr las bendiciones, tendrá que dar la batalla, tendrá que estar dispuesto a sacrificarse, a ser insistente, a no darse por vencido frente a los obstáculos que, seguro, encontrará. En el caso de Josué es impensable que pueda conducir al pueblo si no está dispuesto a esforzarse. Es una bendición que de alguna manera tiene que arrebatarles a los otros.

En la Biblia hay tres situaciones que nos muestran esa actitud de esfuerzo en la consecución de las bendiciones, pero que implican "luchar" con Dios por ellas, esto es, arrebatarle a Él el favor que necesitamos, esforzándonos profundamente: la lucha de Jacob con el ángel de Dios, la de María insistiéndole a su hijo en el milagro de las bodas de Caná y la de la mujer sirofenicia ante Jesús.

Jacob entiende que necesita de la ayuda de Dios y no está dispuesto a dejar marchar al ángel del Señor sin esa bendición. Se esfuerza en una pelea cuerpo a cuerpo por hacer que Dios lo favorezca. La lucha se da en la oscuridad de la noche, es dura, no parece haber ganador. Sin embargo, Jacob revela su nombre al "hombre" con el que combate, lo que puede ser una manera de expresar su derrota, pues conocer el nombre de alguien es conocer su verdad y de alguna manera implica poder dominarlo. Jacob, al decirle su nombre, pone en las manos de su adversario toda su verdad, todo su misterio interior, todo lo que tiene dentro. Pero a cambio de esta entrega recibe la bendición de un nombre nuevo: ahora se llamará Israel (Dios vence) y ya no será más Jacob (talón). "No te suelto hasta que no me bendigas" (Génesis 32, 22-30).

Hay que insistir, dar la batalla, no contentarnos con la primera respuesta negativa que obtengamos. Lucha por ganar esa bendición que Dios te puede dar y que seguro te va a dar. Usa tu fuerza humana para ganar ese favor. La tradición de la Iglesia ha visto en el relato de Jacob con el ángel de Dios un texto paradigmático de la vida del creyente, quien lucha en la noche de su vida por encontrarse y entenderse, lo cual solo puede ser posible en la relación con Dios, y quien debe acometer el combate duro y fuerte de la oración para alcanzar la bendición del Señor. De alguna manera, se nos enseña a ser insistentes, perseverantes en la oración, si queremos alcanzar la bendición.

María, la madre de Jesús, después de tomar conciencia de la necesidad que tienen los novios de la boda (Juan 2, 1-12) porque se les acabó el vino, pide la ayuda de Jesús. Recibe una respuesta extraña, cuyo significado no se sabe exactamente: "¿Qué quieres de mí, mujer? Aún no me ha llegado mi hora". De algún modo, Jesús la deja sola en la solución del problema, pero ella no se da por vencida y hace un gesto de profunda confianza, se abandona en la fuerza de su hijo, pues cree en la fidelidad de Dios: "Hagan lo que él les diga". Así que le insiste a su hijo, porque confía en él, y lo implica en la respuesta a la dificultad de esa pareja. No renuncia a la necesidad de bendición que tienen esos hermanos.

Es probable que en muchas circunstancias de la vida tú te encuentres en la misma situación en la que está María, sabiendo de una necesidad, queriendo hacer algo y no pudiendo. Ella no se rinde sino que insiste, abandonándose en las manos de su hijo, y con ello nos muestra el camino a nosotros. No podemos darnos por vencidos fácilmente ante Dios; sabemos que nos ama y por eso podemos confiarnos y entregarnos plenamente a Él.

La mujer sirofenicia expone de una manera muy clara esto de esforzarse y de dar la batalla por la bendición que se requiere. Ella es consciente de que no pertenece al pueblo elegido, pero ha decidido obtener de Jesús lo que necesita:

> Levantándose de allí, Jesús se fue a la región de Tiro, y entrando en una casa, no quería que nadie lo supiera, pero no pudo pasar inadvertido; sino que enseguida, al oír hablar de Él, una mujer cuya hijita tenía un espíritu inmundo, fue y se postró a sus pies. La mujer era gentil, sirofenicia de nacimiento; y le rogaba que echara al demonio fuera de su hija. Y Jesús le decía: "Deja que primero los hijos se sacien, pues no está bien tomar el pan de los hijos y echarlo a los perrillos". "Es cierto, Señor", le dijo ella; "pero aun los perrillos debajo de la mesa comen las migajas de los hijos". Jesús le dijo: "Por esta respuesta, vete; ya el demonio ha salido de tu hija". Cuando ella volvió a su casa, halló que la niña estaba acostada en la cama, y que el demonio había salido (Marcos 7, 24-30).

La respuesta negativa de Jesús, quien pone límite a su ministerio, no hace que la mujer abandone la súplica. Ella insiste y plantea la lucha en el terreno de lo afectivo; responde con humildad, con confianza y respeto por Jesús. Ella quiere ganar esa bendición y sabe de la misericordia de ese que le está hablando. Ella también sufre lo que está sufriendo su hija y por eso, humildemente, se abandona en las manos de Jesús. Se esfuerza, reconoce su situación de pagana, y se mantiene en su solicitud. Pudiéramos decir que lucha amorosamente con Jesús por esa bendición, que de alguna manera le arrebata ese milagro que tanto requiere su hija.

Hay una invitación a luchar por nuestra bendición así sea con Dios. No se trata de una confrontación de enemigos sino de la lucha que se da entre la criatura y su creador, entre el creyente y su Dios, entre el hombre y su Señor. No es una lucha violenta sino amorosa. Su espacio por excelencia es la oración. Es allí donde no nos doblegamos y seguimos insistiendo por la confianza y el amor.

Creo que el esfuerzo que le piden a Josué tiene que ver con las actitudes de estos tres personajes. No se dan por vencidos, no abandonan, no desertan de su intención de obtener la bendición. Habrá que enfrentar muchas batallas, habrá que perder y sufrir porque no será fácil esa conquista, pero tienen que sentirse confiados en lograrlo.

Estoy pensando en cuántas personas se acercan a una experiencia espiritual esperando que Dios les responda con chasquidos de dedos a las peticiones que le hacen o que al terminar la oración ya hayan recibido la bendición que necesitan. Eso no es esforzarse, eso es querer una experiencia facilista. La resolución de los conflictos exige que demos la batalla, que entreguemos toda nuestras fuerzas y capacidades por encontrar esa bendición de Dios. Pedirla implica esforzarse por obtenerla, así toque luchar con el propio Dios.

Pero al esfuerzo se le agrega valentía. La metáfora del libro de Josué pasa por la guerra, y no se puede ir a la guerra con miedo, apretando los dientes o con susto ante los problemas y los peligros que se presentarán. Hay que tener claro que la vida siempre se construye en el borde, en zona de riesgo; siempre tenemos algo que perder, pero esa posibilidad no nos puede amedrentar ni paralizar. Hay que salir de nosotros en búsqueda de eso que es fundamental para nuestra vida.

No sé en qué situación estás, pero hoy te digo: tienes que esforzarte; no puedes esperar que otros te resuelvan la situación, ni permanecer sentado hasta que caiga del cielo un don. Debes dar lo mejor de ti. Usar todos esos hábitos positivos y buenas prácticas para salir de ese desierto en el que estás. Necesitas, como Josué, valentía y esfuerzo.

2. *Prepararse. Josué va a una batalla.* La entrada a la Tierra Prometida es una conquista. Tiene que pelear por esa tierra que Dios le ha dado. No se va a ninguna batalla sin prepararse. Los textos nos muestran las estrategias y las maneras en que los hombres se aprestan para ir al combate: "Entonces Josué ordenó a los oficiales: Recorran todo el campamento y ordenen al pueblo que prepare provisiones porque dentro de tres días pasarán el Jordán, para ir a tomar posesión de la tierra que el Señor, su Dios, les da en propiedad" (Josué 1, 10-11).

Muchas veces queremos dar la batalla pero no nos preparamos para hacerlo. Sin provisiones no se puede ir a la guerra porque vamos a pasar necesidades. Sin preparación, perderemos las batallas. Con frecuencia fracasamos porque queremos obtener algo para lo que no estamos listos. Es necesario alistarnos, entrenarnos y tomar todas las precauciones para seguir adelante.

Pero los hombres del relato no solo pensaron en la provisiones, sino en el equipamiento militar que necesitaban: "como cuarenta mil, equipados para la guerra, pasaron delante del Señor hacia los llanos de Jericó, listos para la batalla" (Josué 4, 13). Hay que estar equipados física y existencialmente para conquistar nuestras bendiciones. No puedes esperar que te llegue eso que tanto te hace falta si no estás preparándote para tenerlo.

El Evangelio de Lucas nos deja clara la necesidad de prepararnos para la realización de nuestras tareas. Nos presenta dos ejemplos de las previsiones que debemos tener los seres humanos para no fracasar. Quien no se prepara, se vuelve objeto de burla de aquellos que le ven fallar. Siempre hay que tener un plan de acción y unas estrategias bien pensadas:

> Si alguno de ustedes quiere construir una torre, ¿qué es lo primero que hace? Pues se sienta a pensar cuánto va a costarle, para ver si tiene suficiente dinero. Porque si empieza a construir la torre y después no tiene dinero para terminarla, la gente se burlará de él. Todo el mundo le dirá: "¡Qué tonto eres! Empezaste a construir la torre, y ahora no puedes terminarla". ¿Qué hace un rey que solo tiene diez mil soldados, para defenderse de otro rey que lo va a atacar con veinte mil? Primero tendrá que ver si puede ganar la batalla con solo diez mil soldados. Y si ve que no puede ganar, aprovecha que el otro rey todavía está lejos y manda mensajeros a pedir la paz (Lucas 14, 28-33).

Esto es lo que tienes que preguntarte: ¿estás preparado para buscar eso que necesitas? ¿Eres consciente de lo que se requiere para dar esa batalla? Tienes que ser muy claro en este tema porque muchas veces las situaciones que vives y que tanto te hacen sufrir son fruto de la falta de preparación.

3. *Sin estrategia no hay victoria sólida*. No basta con esforzarse y con ser valiente, ni tampoco con hacer un buen plan; es necesario, también, tener estrategias inteligentes y contrastadas. Hay que ser astutos a la hora de dar la batalla. En el libro de Josué hay dos momentos en los que se nota

la estrategia: la toma de Jericó y la toma de Ay. En las conquistas de estas dos ciudades hay todo un plan de acción, no hay improvisación.

En la ocupación de Jericó, el relato busca mostrar cómo es una acción del pueblo que alaba a Dios, pero es interesante ver la estrategia que se planea: "No lancen ningún grito de guerra, ni dejen oír su voz, no se les escape ni una palabra hasta el momento en que yo les mande gritar, entonces gritarán" (Josué 6, 10). Y fue una estrategia exitosa: "Sonaron las trompetas. Al oír el toque, lanzaron todos el grito de guerra. Las murallas se desplomaron y el ejército dio el asalto a la ciudad, cada uno desde su puesto y la conquistaron" (Josué 6, 20). No quiero entrar a interpretar la estrategia, sólo quiero dejar claro que lo planearon bien antes de tomarse esta importante ciudad. ¿Qué estrategia tienes para conquistar esa bendición?

En la conquista de Ay, es una estrategia un poco elaborada porque implica el engaño al rey de la ciudad:

> Y les mandó, diciendo: Atended, pondréis emboscada a la ciudad detrás de ella; no os alejaréis mucho de la ciudad, y estaréis todos dispuestos. Y yo y todo el pueblo que está conmigo nos acercaremos a la ciudad; y cuando salgan ellos contra nosotros, como hicieron antes, huiremos delante de ellos. Y ellos saldrán tras nosotros, hasta que los alejemos de la ciudad; porque dirán: Huyen de nosotros como la primera vez. Huiremos, pues, delante de ellos. Entonces vosotros os levantaréis de la emboscada y tomaréis la ciudad; pues Yahvé vuestro Dios la entregará en vuestras manos (Josué 8, 4-7).

Insisto, no hay improvisación. La experiencia religiosa no los hace irresponsables frente a la tarea que tienen sino que los hace planear mejor su acción.

Estoy convencido de que tú vas a dar la batalla, que no te vas a dar por vencido, que lucharás con todas las fuerzas que tienes en el corazón para salir adelante, pero es necesario que planees bien, que tengas una buena estrategia, que trates de organizar las ideas, que intentes actuar con toda la prudencia y el cálculo posibles y que busques la ayuda idónea.

4. *Evitar los triunfalismos.* Muchas veces tenemos una actitud triunfalista al enfrentar las batallas. No hay peor actitud que esa, ya que no nos hace vivir la realidad y por lo mismo no nos permite comprender los problemas, las dificultades, los obstáculos que existen. No se puede cantar victoria hasta que no finalice la batalla. Así como no podemos tener una actitud pesimista que nos lleve a creer que la lucha está perdida antes de comenzar, tampoco podemos creer que la hemos ganado antes de terminar.

El libro de Josué nos hace un llamado a no perder el sentido de la realidad:

> Y volviendo a Josué, le dijeron: No suba todo el pueblo, sino suban como dos mil o tres mil hombres, y tomarán a Ay; no fatigues a todo el pueblo yendo allí, porque son pocos. [...] Y los de Ay mataron de ellos a unos treinta y seis hombres, y los siguieron desde la puerta hasta Sebarim, y los derrotaron en la bajada; por lo cual el corazón del pueblo desfalleció y vino a ser como agua (Josué 7, 3. 5).

No se puede creer que la tarea vaya a ser fácil. No podemos considerar pequeño el objetivo que vamos a alcanzar, solo para ahorrarnos energías. Tenemos que ser capaces de dar lo mejor siempre. No ganaremos la bendición que buscamos si pensamos que lo podremos hacer sin esfuerzo.

Muchas personas fracasan y siguen viviendo en el dolor y en la tristeza porque no se dedican a salir adelante, no emplean todas sus fuerzas en ganar lo que necesitan sino que dejan que el orgullo se acomode en su corazón y las haga despreciar los obstáculos. Revisa bien la realidad en la que estás, sin exagerar sus rasgos, y más bien tratando de entender cada situación. Ayuda mucho encontrar personas objetivas que nos ayuden a leerla e interpretarla. Si no captas bien la realidad, no podrás encontrar el camino de la victoria. Es una obligación tener los pies sobre la tierra y saber verdaderamente contra quién estás peleando.

Mira que el haber despreciado las fuerzas de los soldados de la ciudad de Ay llevó al pueblo de Israel a sufrir bajas y a que muchos de sus soldados perdieran el ánimo y el valor. Haber leído la situación con triunfalismos le causó muchos problemas tantos físicos como emocionales.

Hoy es el día para que revises con serenidad y la mayor objetividad posible la realidad que estás viviendo. Es el momento de entender por qué estás en ella y cuáles son las posibilidades de solución. Tu relación con Dios exige que vivas con todos los sentidos dispuestos a los hechos para que veas su actuación en ellos y así sepas cómo sobreponerte.

5. *Concentrarse en el objetivo de la batalla.* Hay una indicación del Señor que tiene que ser bien leída: "En cuanto a ustedes, tengan cuidado, no se les vayan los ojos y recojan algo de lo consagrado al exterminio [...] Toda la plata y el oro y el ajuar de bronce y hierro se consagran al Señor: irán a su tesoro" (Josué 6, 18-19). Alguien podrá ver en esta orden del Señor una manifestación exclusivamente religiosa, pero no es así. Es una indicación que busca que el

ejército dirigido por Josué esté concentrado en su verdadero objetivo. Si los hombres de Josué pueden acceder al oro y a la plata, seguramente estos se volverán la razón de las batallas y no el apropiarse de la tierra. Dios no quiere que caigan en la tentación de los tesoros ni que pierdan fuerza en lo que no es importante en ese momento. Ellos no están luchando por objetos de valor material, ellos están luchando por la tierra.

En la vida cotidiana esto es muy importante. Tenemos muchas tentaciones que nos pueden desconcentrar de nuestro objetivo. Corremos el riesgo de dejarnos obnubilar por las riquezas que podemos encontrar en el camino. Debes tener claro cuál es tu objetivo, para qué estás luchando y hacia dónde quieres ir. Si no te concentras en lo que es fundamental para ti, podrás malgastar tus fuerzas y los demás recursos con los que cuentas.

¿Cuántas personas se han quedado en sus problemas porque pierden el objetivo por el que pelean y terminan creando nuevas dificultades? Es necesario que sepas lo que quieres y para qué lo quieres. No hay nadie más perdido en la vida que alguien que no tiene claro cuáles son sus metas existenciales. ¿Tú quieres salir de esta situación-desierto en la que estás? ¿Quieres dejar esta oscuridad en la que has estado viviendo? ¿Quieres no sentir más esas emociones negativas que te atormentan? Pues concéntrate en tu lucha contra eso y no pierdas la atención de lo que es fundamental.

Las consecuencias de desviarse del objetivo principal son descritas en el texto como un castigo divino. Como en el caso de Acán, que suena muy cruel y duro, pero es una manera de mostrar las consecuencias de desconcentrarse —en este caso, no hacerle caso a la orden de Yahvé de no tomar nada de oro y plata para sí mismo—, eso siempre representa la derrota.

El texto lo plantea en términos muy religiosos: "¡Hay algo que debió ser consagrado al exterminio dentro de ti, Israel! No podrás hacer frente a tus enemigos mientras no los destruyas y los eches fuera de ti" (Josué 7, 13). Pero la situación es más cotidiana; alguien se dejó arrastrar por el deseo de lo que brilla y cambió el objetivo de la batalla:

> Y Acán respondió a Josué diciendo: Verdaderamente yo he pecado contra Yahvé el Dios de Israel, y así he hecho. Pues vi entre los despojos un manto babilónico muy bueno, y doscientos siclos de plata, y un lingote de oro de peso de cincuenta siclos, lo cual codicié y tomé; y he aquí que está escondido bajo tierra en medio de mi tienda, y el dinero debajo de ello (Josué 7, 20).

Perder el objetivo es perderse en el camino. El que más padece las consecuencias de la desconcentración es el que se desvió de su principal búsqueda. Todos debemos tener presente para qué estamos luchando y contra quién. Tú probablemente estás batallando contra tus deseos, contra tus miedos, contra tus complejos y tienes que concentrarte en vencerlos, no puedes distraerte pensando y trabajando en otras cosas.

En el texto las consecuencias son presentadas en términos de castigo de Dios porque es la manera como ellos, en su limitada compresión de la revelación de Dios, entienden las cosas. Desde el Nuevo Testamento, y más exactamente desde la venida de Jesucristo, sabemos que no es un castigo sino una consecuencia normal de lo que nos pasa en la vida cuando no apuntamos bien hacia donde queremos ir: terminamos donde no queremos.

6. *Decisión de victoria.* Hay que hacer lo adecuado en el momento adecuado. No podemos dudar en el momento fundamental de la batalla. No podemos dejar que los miedos, las inseguridades que tenemos en el interior, nos hagan actuar de manera equivocada. Al enemigo hay que vencerlo. No podemos dudar cuando nos toca tomar la decisión final. Muchos de los que me leen no han salido adelante porque les ha faltado valentía para tomar la decisión adecuada.

La escena es sórdida y violenta. Seguro que a nosotros, defensores de la no violencia, nos genera una reacción negativa, pero lo importante no es quedarnos en el hecho sino tratar de comprender qué es lo que se nos quiere decir. Cuando Josué y sus hombres logran vencer a los reyes de Jerusalén (Adoni-Sedec), de Hebrón (Ohán), de Yarmut (Pirán), de Laquis (Yafia) y de Eglón (Debir), Josué convoca a todos los oficiales de su ejército y les dice: "Acérquense y pisen la nuca de esos reyes" (Josué 10, 24), y luego los exhorta: "No teman, ni se acobarden. ¡Sean fuertes y valientes!, que así tratará el Señor a todos los enemigos con los que van a luchar" (Josué 10, 25). Insisto, a nosotros, hombres que rechazamos cualquier manifestación de violencia, el gesto nos repulsa, pero tiene un sentido en todo el proceso de conquista.

Primero, es una manifestación de poder y de dominio. No podemos ser débiles con el enemigo. Serlo implica poder ser vencidos por él. Estoy pensando en todos los enemigos existenciales, emocionales, espirituales, que seguramente están dentro de nuestro corazón. No podemos ser débiles con ellos. Si al enfrentar mi alcoholismo no estoy determinado a vencerlo, con certeza me gana. Si al enfrentar mi adicción al sexo no soy capaz de apartar de mí esas tentaciones con firmeza, sin duda caeré una vez más. No se trata de maltratar a nadie, eso no es posible para los que creemos en el cristianismo, se trata de saber decir no, con valentía, a lo que nos daña.

Segundo, Josué usa el gesto como una profecía de lo que Dios hará contra todos los reyes enemigos. Es una manera de motivarlos y de hacerles saber que el Señor les dará la victoria. El signo de poner, el pie en la nuca del adversario, es una expresión de dominio, de victoria. Él quiere que ese pueblo esté seguro de que Dios les otorgará lo que tanto ansían.

Estoy convencido de que tienes que creer en ti y en tu victoria para poder alcanzar la bendición. Tienes que luchar persuadido de que es posible alcanzarla. Jesús le dice a uno que le viene a pedir ayuda: "¿Cómo que 'si tú puedes'? Todas las cosas son posibles para el que cree" (Marco 9, 23). Así tienes que dar esta pelea. No puedes dudar de que vas a ganar. Tienes que creerlo y hacer todo por lograrlo.

7. *No tengas miedo*. El hombre de la Biblia sabe que el miedo es la enfermedad del hombre. Nos paraliza y no nos deja lograr lo que queremos o nos vuelve violentos y nos lleva a hacer lo que nunca pensamos hacer. Es la enfermedad más dañina del corazón del hombre. Muchas veces tenemos hasta miedo a sanar, a salir adelante, a dejar de sentir todas esas emociones negativas que estamos experimentando. Por eso el primer enemigo por vencer es el miedo que hay en nuestro corazón. A lo largo de la Biblia, Dios nos dice muchas veces "no temas", y el libro de Josué no es la excepción.

Sabe Josué que si su pueblo tiene miedo, todo está perdido. De alguna manera, siempre tenemos miedo en los momentos más difíciles, pero algunos logran controlarlo y seguir adelante; por el contrario, otros se dejan ganar por él y terminan fracasando en la realización de sus planes.

Josué le repite una y otra vez a su pueblo que no tema (11, 6; 10, 25; 8, 1), porque sabe que venciendo el miedo comienza la victoria definitiva. Estoy seguro de que tú tienes miedo de no salir adelante, miedo de ser un fracasado para siempre, miedo de enfermar más gravemente y morir, miedo de no poder hacer nada. Hoy te quiero invitar a poner tu miedo en las manos de Dios y a lanzarte en tu batalla. Es necesario vencer esa sensación y luchar. Con certeza podrás alcanzar tu sueño, pero necesitas creerlo.

Tienes que apropiarte de estas siete actitudes, de estas siete reflexiones. Tú debes conquistar esa bendición que tanto le has pedido a Dios y ahí hay un camino para seguir. A Josué y a su pueblo les dieron resultado, pues lograron dominar esa tierra y establecerse en ella. Estoy seguro de que también tú podrás alcanzar lo que te propongas. Eres un guerrero, un luchador y, sobre todo, uno que ha triunfado otras veces. Por eso sé que podrás hacerlo.

Entiendo que te sorprenda esta reflexión. Sé que siempre te han invitado a orar y a esperar la acción prodigiosa de Dios. Comprendo que esa es una opción y un camino, pero creo que hay que acompañarlo de acciones concretas, de decisiones claras y firmes. No estoy dudando del amor, de la misericordia y de la gracia de Dios. Sé cuánto nos ama y todo lo que hace en nosotros —lo he experimentado a lo largo de mi vida de creyente y de presbítero—, pero también sé que Él no nos quiere inútiles sino capaces de luchar y ganar.

Es un proceso, un ir paso a paso; no te puedes desesperar ni puedes creer que todo va ocurrir mágicamente. Es bueno que cuentes con gente preparada que te ayude a establecer el plan de trabajo y las estrategias. Es tu batalla, pero es necesario que expertos en el tema te ayuden a ubicarte mejor en cada situación para actuar correctamente. No somos seres aislados, somos interdependientes y requerimos siempre de la ayuda de otros.

En mi experiencia personal me ayuda mucho tener contacto con mi psicóloga y con mi acompañante espiritual. No deciden por mí, no me imponen nada, no me obligan a hacer lo que no quiero, pero sí iluminan las decisiones que debo tomar, hacen contrapeso a las ideas que tengo y, sobre todo, me hacen comprenderme más a mí mismo y comprender mi relación con Dios.

Dios te da lo que necesitas, Él sabe proveernos, pero tienes que salir de ti y dar la batalla, trabajar y alcanzar lo que quieres. Si tienes que luchar con Dios —como lo hicieron Jacob, María y la sirofenicia—, hazlo, dile que estás empeñado en salir adelante y que no te vas a dar por vencido, que no vas a dejar de insistir hasta que te sientas sano y libre; dile que eres uno de esos que solo dejan de soñar cuando los sueños se realizan.

Sé paciente y no te desesperes. Todo tiene su tiempo y su proceso. Toma tú la decisión y ve buscando la manera de comprender el camino, pero no te aceleres ni trates de saltarte algunos pasos, eso no te hace bien. Necesitas para ello una buena relación contigo mismo. No puedes odiarte ni rechazarte, sino que debes estar feliz de ser quien eres y estar motivado a ser mejor cada día.

Es probable que la metáfora de la guerra que la Biblia usa para enseñarnos este camino de conquista de las bendiciones no sea tan cercana a nosotros y no nos entusiasme mucho, pero es importante saber que la vida espiritual es una guerra; una guerra contra nosotros mismos, contra los valores contrarios al bien, contra las demás propuestas existenciales que le hacen al hombre y creemos que son destructivas. Es obvio que esta no es una invitación a la violencia —y además, hay que saber comprender muchas de las acciones que se ponen allí en boca de Dios para que no termine pareciendo un elitista injusto que se deleita en la muerte de algunos hombres—, sino una invitación a estar en la actitud de salir adelante venciendo los obstáculos que vas encontrando.

La enfermedad, la tristeza, el miedo, la frustración y todas esas emociones que te hacen vivir un desierto son tus enemigos y tienes que vencerlos. No puedes ser complaciente con ellos porque eso es como doblar rodilla en el campo de batalla y rendirte. No nos podemos acostumbrar a ellos, tenemos que estar en pie de lucha. Queremos ser mejores. Nos negamos a estar sufriendo y llorando siempre. Sabemos que hay soluciones y las estamos buscando. No nos daremos por vencidos sino que lucharemos por vivir mejor.

Me hace bien entender la experiencia espiritual en estos términos. No puedo aceptar la fe como un opio que nos hace resignarnos y acomodarnos a lo que nos daña y nos destruye. No sé a ti, pero a mí me gusta rebelarme contra lo que quiere esclavizarme y maniatarme. Quiero mi corazón palpitando por su propia voluntad y tener la mente clara para saber qué quiero hacer y para dónde voy. Y estoy seguro de que eso es lo que me propone Jesús una y otra vez en su vida. La cruz no es resignación, es entrega voluntaria, es camino de victoria.

Sé que algunos quieren que solo hablemos, en la esfera espiritual cristiana, de sacrificio, de sufrimiento, de pobreza, de dolor, de padecer esos dolores y ofrecerlos valientemente por otros. Respeto esa posición pero no es la que encuentro en la vida de Jesús. A Él lo veo luchando por hacer las cosas mejores, por darles un sentido nuevo, por hacernos entender que se puede ser feliz y que no tenemos que estar dominados por el mal. Él viene a mostrarnos cómo vencerlo, no cómo acomodarnos a su presencia.

Por eso te invito a conquistar tus bendiciones, a sobreponerte, a conquistar tu Tierra Prometida y a gozarla plenamente. Haz sido creado para la felicidad, para vivir en la luz, para disfrutar el amor y para realizarte plenamente en la libertad: para eso murió Cristo Jesús en la cruz. Sé que no es fácil, que estas reflexiones solo están abriendo caminos que ahora te tocará a ti recorrer y que eso es lo más complejo, pero bueno, solo quiero que tengas claro que puedes alcanzar esa luz que hay al final del túnel si lo decides.

Si no eres un creyente y prefieres concebirlo en términos menos espirituales, piensa los pasos en términos humanos, quítale la referencia constante al libro de Josué y date cuenta de que es un plan de desarrollo humano. Tú puedes seguirlo y verás cómo logras salir de la situación en la que estás o mejorar eso de ti que tanto te hace sufrir.

Esforzarte y ser valiente, prepararte, contar con una estrategia clara, no ser triunfalista, concentrarte en tu objetivo, tener una decisión de victoria y no dejarte dominar por el miedo son pasos que orientarán a cualquier ser humano hacia la realización de sus proyectos. Estás invitado a seguirlos y a ver cómo, a través de ellos, puedes seguir creciendo como ser humano.

Es tu lucha, es tu esfuerzo, es tu decisión y sé que la podrás tomar. Estoy convencido de que quieres salir adelante y que lo vas a hacer. Ten claro que habrás de sostener tu decisión con muchas acciones. No será fácil pero ten la certeza de la victoria. Estoy seguro de que podrás lograrlo. Por eso te invito a revisar con detenimiento este capítulo y a tomar las mejores decisiones. Hasta aquí llega esta reflexión. Lo que sigue es tu determinación y tu responsabilidad, y tienes que ser consciente de ello, porque nadie puede elegir por ti, ni nadie asumirá por ti las consecuencias de tus actos.

Oración

Padre Dios, en este momento te alabo y te bendigo por todo lo que eres y todo lo que me has dado a lo largo de mi historia. Te alabo y te bendigo por la vida, por la salud, por la fuerza, por las ganas de luchar y de vivir que me has dado. Te alabo y te bendigo por estar siempre a mi lado y darme la fuerza para seguir adelante. Te alabo y te bendigo porque sé que siempre me cuidas y me proteges en mis propias batallas. Te alabo y te bendigo por cada bendición que en este momento me estás dando.

Padre Dios, tú conoces mi corazón, conoces mis miedos, mis preocupaciones, mis dolores, mis soledades, mis ataduras, mis complejos, mis enfermedades, por eso estoy aquí abriendo todo mi ser y reconociendo quién soy y qué es lo que quiero. Ante ti no tengo por qué ocultarme, ni tengo que excusarme ni inventar elaboradas justificaciones de mi situación; puedo mostrarte todo lo que hay en mí, no solo porque ya lo conoces, sino porque además me amas y siempre quieres lo mejor para mí. Aquí estoy tal cual soy, con mi corazón abierto y mi ser totalmente dispuesto a ti.

Padre Dios, conoces qué es lo que estoy viviendo por estos días. Conoces cómo mi corazón sufre por situaciones que se escapan de mis manos y de mi capacidad de decidir. Sabes que hay circunstancias que me llevan al llanto, a la angustia y aun al desespero, y que no tengo una manera rápida de enfrentarlas y resolverlas. Por eso hoy te pido que me tomes en tus manos y me hagas sentir tu amor, tu infinita generosidad, tu poder que salva y sana. Sé que sintiendo que estoy en tus manos, todo me da paz y serenidad, y me alista para seguir adelante.

Padre Dios, sé que no me has creado para el sufrimiento y el dolor. Sé que no quieres que viva esta situación. Por eso en este momento te suplico que llenes mi mente de pensamientos claros e inteligentes para saber comprender cada circunstancia con tu sabiduría. Para eso, mi mente tiene que estar iluminada por la presencia de tu Espíritu Santo. Te suplico que llenes mi corazón de tu fuerza, de amor y de ganas, pues solo así podré asumir cada batalla de la vida con la pasión necesaria para vencer. Necesito que me des la fuerza que tuvo tu hijo subiendo el Gólgota, para no desfallecer en ningún momento y coronar el proceso que tengo que vivir. Te suplico claridad y sabiduría en mi boca para animar a los otros y poder retroalimentarme con palabras adecuadas para ello. Necesito de la presencia de tu sabiduría en mí. Te suplico que les des fuerza a mis manos para tomar las mejores decisiones y actuar según tu palabra y tu voluntad. Necesito de ti y de tu amor y por eso aquí estoy con el corazón abierto y dispuesto a todo lo que puedes hacer para mí.

Padre Dios, ayúdame a dar la batalla, a salir adelante, a no quedarme quieto, a no dejar que las situaciones me doblequen y a no acostumbrarme a estos momentos de tristeza y de dolor. Dame el ánimo que necesito para levantarme y dar lo mejor de mí con el fin de salir adelante y hacer lo necesario para estar bien y no seguir doblado ante los ataques del mal. Dame tu alegría y tu gozo para no hacerlo con tristeza sino con tu fuerza y tu poder.

Padre Dios, dame la persistencia de Jacob, de Job, de María y de la mujer sirofenicia, para no dejar de pedir, de suplicar, de batallar, hasta no conseguir la bendición que tanto necesito. Sabes que, a veces, me falta decisión y confianza para no desertar. Dame eso hoy para seguir luchando por la paz y la sanación que me hacen falta.

Padre Dios, desde ya te doy gracias porque sé que me darás la iniciativa para esforzarme, me darás la resistencia para no desfallecer y, al final, por tu amor y por la sangre de tu Hijo derramada en la cruz, me darás la victoria. Desde ya te doy gracias por todo eso. Sé que así será y por eso me abandono completamente en tus manos.

Padre Dios, todo esto te lo pido en el nombre de tu Hijo Jesús, nuestro Señor, que es nuestro modelo de vida. Amén.

Capítulo 5
Derramando la vida

Una de las tentaciones más serias que tenemos los seres humanos es la de desperdiciar la vida, malgastar ese don maravilloso que Dios nos ha dado. Eso, creo, es lo que hacemos cuando nos damos por vencidos y dejamos que los dolores, las enfermedades, las tristezas nos anclen y nos paralicen en la desesperación y en la angustia. Es lo que hacemos cuando decidimos no seguir luchando por ser mejores y nos dejamos arrastrar por la dinámica de la vida.

Sé que las enfermedades, los dolores, las tristezas, los miedos y todos los sufrimientos nos ocasionan momentos que no son fáciles de aceptar y enfrentar, pero tengo la certeza de que no hacerlo es perder la vida poco a poco; y la lucha nos hace estar vivos y disfrutar la existencia que se nos ha dado. Cuando luchamos contra las adversidades, mostramos las ganas de vivir.

Se nos ha concedido la vida para administrarla, para hacerla producir —dar frutos y dar la gloria al Padre Dios—, para llevarla a la plenitud. Los problemas y los momentos difíciles forman parte de ese trabajo que tenemos que hacer. Esto es vivir; implica vencer los contratiempos y los obstáculos. Administrar la vida no es sentarse a esperar que llegue la muerte; es luchar y dar lo mejor que tenemos dentro en todas las situaciones.

Tenemos que poner la libertad y la inteligencia que nos ha dado Dios al servicio de gobernar nuestra vida. No podemos aguardar a que nadie nos resuelva la existencia. Vivir apegado a otra persona y dejar que ella decida todo por nosotros es una manera de derramarla. Tenemos que ser dueños de nuestras decisiones y no podemos quedarnos quietos mientras la vida se va moviendo, no olvidemos que el planeta no deja de girar.

No hacer algo frente a las dificultades es una manera de derramar la vida. No gozarla, no vivirla a plenitud, es una forma de botarla. Tenemos que estar atentos a no permitir que la vida se pase sin que le saquemos todo el provecho posible. Es necesario salir de nosotros en búsqueda de soluciones; esa es una de las formas más simples para no dejar que se nos escape.

En este contexto quiero que leamos un relato del Evangelio de Marcos que nos pone ante una persona que está derramando la vida y encuentra en Jesús la sanación y la respuesta a todo lo que está experimentando. Estoy seguro de que este relato nos ofrecerá algunas actitudes que nos pueden servir en las batallas personales que estamos librando. La idea es que seamos capaces de captar la vivencia que el texto nos presenta, y por eso vamos a hacer una lectura existencial, libre. No quiero centrarme en ninguna lectura exegética de los especialistas, sino dejar que el texto me comunique toda la experiencia de la comunidad de Marcos.

> Entonces, una mujer que padecía flujo de sangre desde hacía doce años, y que había sufrido mucho con muchos médicos y había gastado todos sus bienes sin provecho alguno, antes bien, yendo a peor, habiendo oído lo que se decía de Jesús, se acercó por detrás entre la gente y tocó su manto. Pues decía: "Si logro tocar aunque solo sea sus vestidos,

> me salvaré". Inmediatamente se le secó la fuente de sangre y sintió en su cuerpo que quedaba sana del mal. Al instante Jesús, dándose cuenta de la fuerza que había salido de él, se volvió entre la gente y decía: "¿Quién me ha tocado los vestidos?". Sus discípulos le contestaron: "Estás viendo que la gente te oprime y preguntas: '¿Quién me ha tocado?'". Pero él miraba a su alrededor para descubrir a la que lo había hecho. Entonces, la mujer, viendo lo que le había sucedido, se acercó atemorizada y temblorosa, se postró ante él y le contó toda la verdad. Él le dijo: "Hijita, tu fe te ha salvado; vete en paz y queda sanada de tu enfermedad" (Marcos 5, 25-34).

Centremos nuestra mirada en la mujer. Ella era una persona que sufría una enfermedad que la hacía impura y le exigía estar aislada de los otros (Levítico 15, 18-33), además de que exponía lo más íntimo de ella. Este es un tema muy complicado porque no solo está enferma sino que es tratada como una impura, lo cual parece explicar la timidez y la discreción con la que se acerca a Jesús: no quiere ser rechazada por la multitud.

La sangre es la vida; todos sabemos lo fundamental que es para que podamos existir. Hemos experimentado su importancia. Según Génesis 9, 4 el alma (la vida, la fuerza de vida) de la carne está en la sangre (también Levítico 17, 11.14; Deuteronomio 12, 23). Es tan significativa para el hombre de la Biblia que hay toda una serie de prescripciones para acercarse a la mujer.

Si esta tiene un flujo incontrolado, podrías pensar que está botando la vida. De alguna manera el relato nos pone ante la realidad de una existencia que se está desperdiciando. En cada flujo de sangre se está yendo parte de su vida.

¿Qué situaciones quedan expresadas en esta imagen? Pueden ser muchas pero quisiera precisar tres en esta reflexión.

La primera es cuando vivimos sin pasión. En esos momentos dejamos pasar los días sin sacarles el gusto, sin apreciarlos plenamente. Nos quedamos paralizados ante las situaciones y no encontramos ni las ganas ni los caminos para solucionarlos. Creo que en estas condiciones se está botando la vida.

La segunda es cuando, por distintas circunstancias, vivimos quejándonos y no somos capaces de encontrar ningún motivo para animarnos o para arriesgarnos en algún proyecto. Son esos momentos en los que todo lo vemos oscuro y dejamos pasar cualquier manifestación de la vida. Entonces, esta pareciera irse perdiendo y algunos hasta quisieran no tenerla. Creo que entonces también se está botando la vida.

La tercera es cuando la ira, el miedo, el dolor, el rencor, las ganas de venganza, las adversidades nos incapacitan para expresar el afecto o manifestar nuestras mejores emociones y no gozamos las relaciones afectivas sino que las problematizamos por cualquier pequeñez. En situaciones como esas estamos igualmente botando la vida.

Es probable que te halles en una coyuntura en la que estés botando la vida, en la que estés desperdiciando todos los dones, todas las cualidades, las oportunidades que te ha dado Dios. No te lo digo para que te sientas atacado o para que te sientas mal, sino para que reconozcas la situación y encuentres en el relato que vamos a comentar caminos para que salgas de ella y puedas gozar la vida y no perderla de esa manera tan simple.

Esta es una experiencia que puede ser larga en nuestra vida. Algunos han permanecido durante mucho tiempo en ella. Hasta se han acostumbrado a vivir sin vivir, a vivir como si estuvieran muertos. Es el caso de la mujer del relato. Ella, una anónima, característica típica de los relatos de milagro, lleva doce años en esa situación. Doce años padeciendo esa enfermedad en la que la vida se le escapa a chorros. Es decir, esta mujer de alguna forma ha aprendido a manejar su condición. Ella se ha acostumbrado y seguro la ha guardado bien; es muy probable que pocos lo supieran, pues de ser una cuestión pública no hubiera podido acceder a donde Jesús, en medio de la multitud, no se lo hubieran permitido. Ella ha sabido disimular el problema pero no ha podido resolverlo.

Muchas veces nos pasa igual a nosotros. Hemos terminado acostumbrados a eso que nos hace sufrir y que no está bien. Hemos aprendido a disimular la dificultad pero no a resolverla. Es un tema que tenemos que pensar bien porque podríamos acabar como la rana de una muy conocida historia que no siente cómo el agua de la olla va calentándose hasta producirle la muerte.

De todas formas aquí hay un dato que vale la pena pensar con detenimiento. Si es algo que ella ha podido disimular, y la gente que está a su lado no se da cuenta, es porque el relato nos quiere hablar de una situación íntima, de una circunstancia que pertenece al fuero interno de esta mujer. Ella tiene que resolver algo que le hace experimentar sufrimiento y con lo cual no quiere seguir viviendo.

Con frecuencia la causa del dolor que tenemos está en lo más profundo de nuestro ser. Muchas veces nadie sabe qué es lo que tenemos por dentro y cómo padecemos en el silencio de nuestra intimidad. Puede ser que no nos aceptemos, que despreciemos nuestra condición, nuestras características físicas o sociales; que tengamos complejos desde nuestra infancia que nos hacen creernos inferiores a los demás; que hayamos sido víctimas de algún tipo de abuso —emocional, sexual, físico— y eso se manifieste en el dolor actual; que no hayamos podido superar una experiencia del ayer que nos tiene anclados y no nos deja vivir libremente.

La mujer de la narración debe estar pasando por una situación así. Ella sufre y no vive a plenitud por algo que la afecta en lo más profundo de su intimidad. Se duele por algo que ella sabe y que los demás no han podido captar. Esta mujer es consciente de que la vida se le seguirá escapando si sigue viviendo de esa manera y que tarde o temprano va a morir por haber perdido uno de sus sustentos existenciales: la sangre.

Lo importante es darse cuenta de que esta mujer no se ha quedado quieta. Ella ha buscado ayuda. El relato nos dice: "y que había sufrido mucho con muchos médicos y había gastado todos sus bienes sin provecho alguno, antes bien, yendo a peor" (Marcos 5, 26). Es decir, se ha esforzado en solucionar su problema. Ha invertido tiempo y dinero persiguiendo esta solución. Lo doloroso de esta afirmación es que la mujer no solo no ha encontrado la sanación sino que cada día está peor. Creo que aquí se reafirma aún más que el problema principal de esa enfermedad no es físico —es probable que la manifestación corporal sea la consecuencia, el síntoma de algo más—, sino emocional o psicológico.

No es extraño que nos pase esto, que busquemos la solución donde no está. No son pocas las veces en que invertimos todos los recursos que tenemos y no obtenemos ningún resultado positivo. Hay que precisar bien dónde está nuestro problema, qué es lo que realmente nos está haciendo sufrir tanto. Si nos dedicamos a solucionar consecuencias y no causas, nunca tendremos una verdadera solución. Muchas de nuestras enfermedades físicas son somatizaciones de nuestros problemas emocionales.

Hoy tienes que cuestionar en qué estás invirtiendo tus recursos. ¿Lo estás haciendo de manera correcta? Me duele ver que hay mucha gente que todavía gasta una gran cantidad de dinero en brujerías y en artes mágicas que siempre son ineficaces y que solo logran generar dependencias y mayor inseguridad. No faltan los que tratan de solucionar rezando y orando un problema que tiene unas causas muy concretas y que exigen acciones definidas[18]. Otros esperan que sea la suerte la que resuelva su situación y hacen todo lo que esté a su alcance para que esto funcione. También hay algunos que quieren que sean otras personas las que le solucionen problemas que solo ellos mismos pueden afrontar. Aunque le des a otro todo el dinero que tengas, no podrá resolver lo que te toca a ti. Hay que saber cuál es la causa del inconveniente y trazar un plan para superarlo.

---

18 Hay que orar siempre, pero eso no implica que no actuemos. Quien ora sabe que tiene que trabajar. Dios nos da la fuerza, el poder interior, la claridad que necesitamos, pero somos nosotros los que tenemos que concretar nuestras acciones para resolver las dificultades.

La hemorroísa se había equivocado en querer resolver con dinero lo que tenía orígenes afectivos y emocionales. La vida se malgasta, no por motivos económicos, sino por algo más profundo. La razón de ser de la vida no pasa por lo económico; esa es una de las mentiras que la sociedad nos ha hecho creer. Lo que ella necesitaba no se pagaba con plata.

Piensa un momento: ¿cuáles son esos sucedáneos en que has "invertido" tus riquezas buscando resolver lo que te sucede en la intimidad (las entrañas)? Es el momento de darte cuenta de cómo algunas veces has empleado muy mal tus recursos. ¿Y por qué sucede esto? Con frecuencia, porque no has detectado claramente cuál es el problema; en otros casos, porque te da vergüenza compartir lo que te está pasando y prefieres mimetizar la situación; también pasa que no quieras aceptar la circunstancia y entonces te dedicas a justificarte y a no enfrentar la realidad como es. Todo esto te lleva a malgastar los recursos, lo que es ya una pérdida, y claro, a estar en una condición peor, lo que es una pérdida mayor. Pobre y enfermo. A veces, el invertir mal tus riquezas te conduce no solo a que tu enfermedad crezca sino a que aparezcan nuevas enfermedades en ti.

Ahora, no deberíamos creer que hablar aquí de riqueza es hablar únicamente del dinero. Son muchas otras riquezas las que inviertes en soluciones equivocadas. ¿Cuántos dan su afecto a cambio de que los hagan sentir bien sin querer entender que el sentirse bien no depende de los besos o abrazos que el otro les dé? ¿Cuántos entregan su conocimiento, su trabajo, para que les resuelvan esa falta de reconocimiento que ellos, gracias a su baja autoestima, tienen? Debes precisar cómo estás enfrentado tu situación.

Es necesario entregarlo todo, y no podemos ser tacaños a la hora de invertir para nuestro bien, pero tenemos que saber dónde hacerlo. Insisto: la desgracia es que, luego de invertir tus riquezas en el lugar equivocado, no solo pierdes tus recursos sino que además empeora tu situación. Revisa tus intentos y te darás cuenta de que el relato tiene toda la razón: muchas de esas malas inversiones económicas y existenciales lo único que te han ocasionado es mayor sufrimiento.

Sin embargo esa mujer no se queda quieta. Ella sigue buscando. Está atenta a todo lo que la gente comenta en torno a la sanación de algunas enfermedades. El haber fracasado durante doce años con los medios que no la han curado y que sí le han cobrado mucho no le ha quitado las ganas de encontrar la salud. Ella sigue alerta a todo y es así como se entera de la presencia de Jesús. El relato nos deja saber que fue a través de la gente como ella supo de todo lo que Jesús decía y hacía en los lugares a los que llegaba.

Esa capacidad de estar investigando dónde se encuentra la solución es ya una garantía de que se la va a encontrar. Sin esa actitud es casi imposible salir adelante. Las respuestas no nos van a buscar a nuestra casa. Tenemos que ir a encontrarlas, estar atentos y saber dónde es posible hallarlas. Esta mujer está atenta, conoce de la presencia de Jesús y toma la decisión de ir hasta Él. No debió ser fácil tomarla. ¿Cómo llegar hasta donde Él? ¿Cómo comunicarle el problema que le está haciendo derramar su vida? ¿Cómo no ser rechazada por la multitud que está en torno a Él? Y se conjugan tres actitudes humanas bien interesantes y necesarias: audacia, discreción y convicción.

Ella tiene que ser audaz si quiere acercarse a Jesús. Debe dejar sus miedos y lanzarse. Jesús no la conoce y no sabe cuál es su problema, luego ella tiene que tomar la decisión de aproximarse. Esta determinación es fundamental para poder hallar lo que busca. Muchos no encuentran la solución porque no resuelven ir a encontrarla. Seguro tiene que vencer las preocupaciones que debieron saltar en su corazón. Ella sabe cómo tratan a las mujeres con estas características[19]. Con certeza ya ha tenido algunas experiencias al respecto, y eso le debe generar muchas inseguridades interiores, pero necesita ir hasta donde Jesús. Imagino que muchos de los que me leen tienen preocupaciones frente a las decisiones que deben tomar y creen que lo mejor es quedarse quietos y no hacer nada. Hay que analizar bien, porque si allí está la solución, hay que decidirse y enfrentar los propios miedos y los posibles ataques de los demás.

Ella tiene que ser discreta. No puede llegar gritando cuál es su enfermedad. No puede apartar a la gente diciendo: “Por favor, déjeme pasar que tengo un problema de flujo

---

19 Miremos toda la rigurosidad de la prescripción que nos da el Levítico acerca de una mujer con flujo de sangre: “Cuando una mujer tenga flujo de sangre durante muchos días, fuera del tiempo de sus reglas o cuando sus reglas se prolonguen, quedará impura mientras dure el flujo de su impureza como en los días del flujo menstrual. Todo lecho en que se acueste mientras dura su flujo será impuro como el lecho de la menstruación, y cualquier mueble sobre el que se siente quedará impuro como en la impureza de las reglas. Quien los toque quedará impuro y lavará sus vestidos, se bañará en agua y quedará impuro hasta la tarde” (Levítico 15, 25-27).

de sangre y necesito hablar con Jesús". No solo se trata de algo que forma parte de su intimidad y no tiene que estar contando a todos, sino que eso le acarrearía muchas más dificultades, porque si alguien la toca, puede quedar impuro. Tiene que tener un plan que le permita llegar hasta Jesús sin que los demás se enteren y le ocasionen un mal momento. Su estrategia es, claro, acercarse con discreción y tocar la orla de su manto. Seguro nadie se va a dar cuenta. Solo ella sabe qué está buscando.

Su convicción es muy fuerte. Eso es fundamental para decidirse y aceptar ir discretamente. Basta con tocar la orla del manto para sanarse. No busca nada más. No quiere ser atendida privadamente, ni requiere alguna manifestación más espectacular. A ella le sobra con esperar el momento adecuado para palpar su túnica. Sin duda debió tirarse al suelo para poder hacerlo, lo cual todavía expresa más su actitud humilde y discreta ante Jesús. Nada más. Eso es fe, es confiar en el poder de Jesús. Eso es lo que necesitamos todos en nuestra vida para salir adelante.

Considero que nosotros tenemos que asumir estas tres actitudes si queremos vencer la situación que experimentamos. La decisión, la discreción y la convicción son necesarias para superar todas las dificultades y los problemas que tenemos. No te puedes quedar en la condición en la que estás, no puedes seguir esperando que llegue la solución, tienes que ir a buscarla; y tienes que hacerlo discretamente, no puedes caer en la necesidad de espectacularidad que tantos tienen hoy y, claro, hacerlo con convicción, con fe. Sin ella no vale la pena salir adelante. Sin fe, ese encuentro no tiene mucho sentido.

No te tienes que sentir obligado a hacer nada; estas palabras no pretenden hacerte vivir lo que tú no quieres, pero sí moverte a pensar, a reflexionar sobre si puedes tomar, de manera discreta y con convencimiento, la decisión que necesitas para salir adelante. Es tu decisión, pero quiero que te des la oportunidad de cuestionarte, de reflexionar y tratar de comprender qué es lo mejor para tu vida.

Me impresiona su reflexión: "Si toco aunque sea el borde de su ropa me salvaré" (Marcos 5, 28). Explica toda la convicción que tiene, pero a la vez pone su búsqueda más allá de la sanación física. Ella no pide ser sanada, simplemente busca ser *salvada*. Esta afirmación me hace pensar que ella entiende que no requiere algo efímero y pasajero sino algo que la haga vivir en plenitud. Esto me vuelve a poner en la línea de reflexión de que su enfermedad va más allá del flujo sanguíneo, que hay algo en su ser, en su corazón, que necesita ser curado.

Creo que a muchos de los que me leen les hace falta eso, entender que lo que necesitan va mucho más allá de lo inmediato, de lo que pesa, de lo útil, de lo material. Que necesitan encontrarle sentido a sus vidas, comprender cuál es el significado de las realidades que viven y así hallar el camino de la plenitud. Para mí la salvación tiene que ver con la felicidad. Eso es lo que ella busca y lo que ustedes, que me están leyendo, deben buscar.

Cuando nos acercamos a Jesús no debemos buscar simplemente que nos sane físicamente, que nos alimente, que nos dé la solución material que requerimos, sino que debemos buscar la salvación, la felicidad. Eso es lo que Él quiere darnos y lo que nosotros necesitamos. En Jesús encontramos la plenitud y las respuestas a todas esas preguntas que nos atosigan interiormente.

Es más, creo que no solo lo debemos buscar en nuestro encuentro con Jesús, sino en todos nuestros encuentros. Tenemos que ser capaces de ir más allá de lo inmediato. No podemos hacer que el sentido de nuestra vida se acabe en el límite de las cosas materiales. Ahí no está el sentido. Estoy seguro de que nos trasciende. Eso es lo que tiene claro la mujer hemorroísa y por eso lo que busca con Jesús es estar sana totalmente, integralmente. Ella ya estaba acostumbrada al flujo, quería que eso sanara, pero que sanara para siempre, y por eso pide algo más, pide salvación. Ella quiere llenar el vacío de su corazón y así no volver a padecer esa enfermedad y poder vivir feliz.

Te invito, a ti que me lees, a eso, a buscar más allá, a encontrar la pasión de infinito que hay en tu corazón. No te contentes con lo poco que podemos conseguir en la vida cotidiana: trasciende, ve más allá. Ten la certeza de que el vacío que tienes dentro no lo llena nada de lo que existe en este mundo, lo llena Dios mismo. Ese hueco que hay en tu corazón es del tamaño de Dios. No dejes que todo se quede en lo que se corroe y se acaba.

La convicción, la fe de la mujer del relato, se ve respondida inmediatamente. Lo que ella espera sucede. Se acercó con la seguridad de que bastaría con tocar la orla del manto y con eso bastó para que quedara sana: “Inmediatamente se le secó la fuente de sangre y sintió en su cuerpo que quedaba sana del mal” (Marcos 5, 29). Es importante destacar que el relato afirma que se secó la fuente de la hemorragia. Esto es, la solución se da en la causa y no en la consecuencia.

La sanación se da en eso que propicia la enfermedad. La acción de la fe responde a lo íntimo que estaba dañado en el ser de esta mujer.

El texto griego usa la palabra *mastiz* para expresar que lo que ella estaba viviendo era un tormento, un suplicio. Ella sufría mucho por todo lo que estaba sucediendo. No se trata simplemente de la enfermedad física sino de todas las consecuencias que esta tenían en su vida diaria, en su participación de la vida de la comunidad. La fuerza de Jesús la está liberando de su suplicio, de su dolor. Eso es lo que hace Jesús con todo aquel que lo busca y le abre el corazón. Le llena la vida de sentido y hace que todo tenga un nuevo significado. No se trata apenas de que haya una salud física, de encontrar el sentido de la vida. Se trata de vivir plenamente feliz. Eso es lo que Jesús le está dando a esta mujer.

Hasta aquí hemos hablado de las acciones de la mujer. Creo que en ellas hay motivaciones muy concretas para que tú tomes la decisión de ir a buscar a Jesús o de ir a buscar el sentido de la vida. Hay que encontrar realmente lo que nos está enfermando y nos hace derramar la vida, y estoy seguro de que es el vacío que experimentamos en nuestro corazón. No te quedes en los síntomas, trata de profundizar y encontrar qué es lo que te está llevando a botar a chorros la vida.

El relato nos muestra el comportamiento de Jesús y vale la pena que lo analicemos también. Él es capaz de percibir lo que ha pasado con ella, aun en medio de tantas personas. Se distingue la percepción de los discípulos y la de Jesús. Mientras ellos creen que no es posible captar personalmente a nadie por toda la multitud que los rodea, Jesús sabe que esa mujer necesita de Él y ha recibido su bendición.

No solo se da cuenta de que algo ha sucedido sino que toma la iniciativa de ir a buscarla. Él no se queda esperando que ella reaccione. No cree que ella lo vaya hacer, con lo íntimo que ha pasado en su corazón. Entonces Él sale de sí para encontrarla a ella. Al fin y al cabo todo proceso humano de búsqueda de Jesús termina siendo un dejarse encontrar por Él[20]. Él quiere darnos lo que nos hace falta y está tras de nosotros, y lo que tenemos que hacer es dejarnos hallar por su amor y su misericordia.

Esto implica la convicción de que, en medio de la situación en la que estés, lo sigas buscando, trates de encontrarlo —sobre todo en tu corazón— y dejes que Jesús actúe con su poder en tu vida. No olvides que para la mujer hemorroísa no fue necesario hacer un espectáculo, gritarle su necesidad, ni llamarle la atención de manera rara; solo fue preciso que ella tomara la decisión de buscarlo, de dejarse encontrar por Él y tocar su manto. Jesús siempre nos va a recibir y va a dedicarnos el tiempo que requerimos.

Luego el relato nos muestra paso a paso el itinerario del encuentro de Jesús con esa mujer, encuentro que le trasformará a ella la vida. Ya no solo quedará sanada. Eso ha pasado sin la participación consciente de Jesús. Lo que ahora

20 Donde esto queda todavía más claro es en el relato de Zaqueo. Este hombre quiere ver a Jesús y hace todo lo posible por lograrlo; de hecho se sube a un árbol, pero es Jesús quien lo ve a él: "Cuando Jesús llegó al sitio, alzó la visita y le dijo..." (Lucas 19, 5). Siempre es así: aunque somos nosotros los que queremos encontrarlo y nos esforzamos para hacerlo, es Jesús quien nos encuentra.

sucede es que esa mujer será nueva, tendrá una nueva vida[21]. "Pero él miraba a su alrededor para descubrir a la que lo había hecho. Entonces, la mujer, viendo lo que le había sucedido, se acercó atemorizada y temblorosa, se postró ante él y le contó toda la verdad. Él le dijo: 'Hijita, tu fe te ha salvado; vete en paz y queda sanada de tu enfermedad'" (Marcos 5, 33-34).

Veamos el itinerario:

1. *Jesús sale a buscarla*. La mujer que seguramente tiene una historia de rechazo y de maltrato encuentra que alguien la busca personalmente. Él la descubre como un sujeto con quien se quiere relacionar. Esto es fundamental para salir adelante. Jesús no nos quiere en masa, Él nos ama y desea un encuentro personal con nosotros. Él quiere que nos acerquemos a su presencia tal cual somos y le contemos lo que nos hace sufrir.

2. *La mujer se revisa en su intimidad: "viendo lo que le había sucedido"*. El encuentro con Jesús se da sobre la base de nuestra realidad actual. No de nuestro pasado, no de lo que no somos. Ella se va a acercar con su presente, según lo que acaba de experimentar. Ahora está sana. Por primera vez en los últimos doce años no tiene flujos. Esa fuente ha cesado.

---

21 Creo que en la intención de Marcos de mostrar a Jesús como el hombre nuevo que hace nuevos a los hombres y crea relaciones nuevas entre ellos, ha quedado superada una discriminación más: ya superó la discriminación contra los leprosos (1, 40-45) y contra los pecadores (2, 1-10), y ahora contra la mujer enferma de hemorragia. En su nueva comunidad no hay discriminación.

Muchos quieren acercarse a Jesús con las caretas, con las poses que algunos discursos sociales y religiosos han inventado. Y la única manera de hacerlo es con nuestra propia realidad, según lo que somos, desde la perspectiva de lo que estamos viviendo. No intentemos engañarlo con actuaciones porque Él nos conoce y sabe qué es lo que ha pasado en nuestro corazón.

3. *En esta realidad maravillosa que está experimentando, ella, que se ha gastado toda su fortuna buscando sanación y acaba de encontrarla gratis, se acerca "atemorizada y temblorosa"*. El hombre, cada vez que se ve frente a la presencia de Dios, siente temor, que es el respeto ante lo divino. Ella sabe que está delante de algo que la supera, que no está al mismo nivel de los médicos que la han atendido antes. Por eso su temblor, su temor, porque sabe que está ante Dios. Ojalá podamos descubrir la presencia de Dios en nuestra vida, presencia que siempre es más sencilla de lo que estamos acostumbrados a creer y esperar. Este temor y temblor es la manera como los autores de la Biblia expresan la reacción humana ante la manifestación de Dios en su historia.

4. *Lo declara su Señor. Ahora la mujer entiende que la razón de su vida es Él.* Que su felicidad está determinada por su relación con Jesús. La manifestación corporal que hace la conocemos ya, es una manifestación de adoración: "se postró ante él". La que andaba buscando llenar el vacío de su ser ahora encuentra a alguien que considera su Señor. Ya no irá a buscar más médicos —que le cobran una fortuna—; ahora tiene, gratis, todo lo que necesita: Jesús.

Creo que allí está la situación más importante. Si queremos ser sanos, felices, plenos, tenemos que descubrir a Jesús como el Señor de la vida. Entiendo este señorío como una experiencia de amor. Es el Señor en cuanto nos ama, tal cual somos. Es el Señor en cuanto nos hace sentir importantes para Él y nos da su atención. Es el Señor en cuanto nos muestra el sentido de la vida, es decir, el camino que conduce a la plenitud, al Padre.

5. *Muestra todo su ser a Jesús: "y le contó toda la verdad"*. Claro, había mucho más que sus hemorragias. Ella vivía un tormento y ahora se dispone a contarle todo a Jesús. Sin verdad no hay sanación. Creo que esta comienza cuando aceptamos nuestra verdad, cuando la vivimos y nos damos cuenta de que solo fundados en ella podremos salir adelante. Soy de los que creen en que sin verdad no hay milagro. Si hay matices o justificaciones, Jesús no puede hacer nada, porque ¿cómo actuar ante quien no asume su realidad y trata de engañarlo? Pero la verdad es el detonador del milagro porque pone de presente mi finitud frente a su poder infinito.

No podemos seguir creyendo que es en la apariencia, en la mentira, donde podemos acceder a la felicidad. Eso es falso y destructivo. Necesitamos vivir nuestra propia realidad y contársela a Jesús. Por un momento me detengo a pensar cuánto podría demorar esa mujer diciéndole toda la verdad a Jesús. Seguro mucho tiempo. Y hay que recordar que Jesús va de camino para la casa de Jairo a atender a la hija de este. Sin embargo, se detiene a escucharla. Le regala toda su atención. Jesús convierte a esa mujer en la más importante en ese momento.

Creo que esa es de las cosas que más liberan, sanan y hacen felices a los seres humanos: sabernos importantes y valiosos para alguien. Imagina por un momento: esa mujer se creía poco importante, tanto que se acerca lo más discretamente posible; seguro tiene una historia de rechazo, de no contar para nadie, de ser ignorada, y ahora tiene en frente de sí a Jesús, que le dedica todo su tiempo, toda su atención. Eso la sana, eso la hace ser nueva.

Estoy convencido de que esto es lo que más de uno de nosotros necesita. Sentirse importante y valioso. En la sociedad de los datos, de las redes, de los contactos, ser apreciado por alguien tiene un gran valor. Merecer más que un emoticón o un mensaje en las redes, una palabra frente a frente, tiene que ser fuente de vida sana, y así lo es para esta mujer. Él quiere establecer una relación personal, íntima, con cada uno de nosotros. Para Él no eres un número más sino una persona única e irrepetible que necesita toda su atención, y está dispuesto a dártela.

6. *Jesús le expresa su amor: "Él le dijo: 'Hijita'"*. Esta es una expresión de cariño. Jesús le está expresando todo su amor. No solo le ha dado toda la importancia dedicándole su atención y su tiempo sino que ahora le expresa su afecto. Esta mujer, que seguro no es amada[22] y tiene problemas en su dimensión afectiva, ahora siente que alguien la quiere de verdad. Es el amor lo que hace que los seres huma-

22 Recuerden que el flujo sanguíneo nos hace pensar en sus órganos reproductores. Algo no está funcionando bien en su afectividad. Algún problema en su capacidad de amar o dejarse amar, problema que ha querido resolver a través de su dinero, buscando a quién pagarle.

nos seamos sanos y es el desamor lo que más nos enferma. Él toca el interior de esa mujer con esa expresión de afecto, y lo hace para sanarla plenamente y darle un nuevo sentido a su vida.

7. *Jesús le dice: "tu fe te ha salvado"*. Eso es lo que ella estaba buscando. Más allá de su sanación física, quería la plenitud en su vida y es lo que ahora Jesús le da. Hay que tener claro que la fe de esta mujer ha quedado demostrada en cada una de las acciones que ha realizado. No es un concepto, una fórmula, sino lo que le ha impulsado a actuar con esa audacia, con esa discreción y esa convicción; lo que le permitió llegar hasta donde Jesús. La fe es una fuerza de vida que la ha liberado de doce años de muerte y marginación. Jesús reconoce la fe que ella ha mostrado en su encuentro con Él. Ella recibe la palabra que la llena de felicidad y de gozo para siempre. A la que antes derramaba su vida, a la que no sabía qué hacer con ella, Jesús la llena de sentido.

8. *Jesús le dice: "vete en paz"*. Ella vivía un suplicio, un tormento. Su vida era un infierno. Se sentía rechazada, despreciada y veía cómo su existencia se derramaba, desperdiciándose. Ahora Él le devuelve la paz perdida. La armoniza con todo su ser. Le hace recuperar una sana relación con los ejes fundamentales de su vida. Ella ahora puede estar tranquila, puede rehacer su vida, retomar el rumbo y sentirse plena. Puede hacer su vida haciendo énfasis en cosas totalmente diferentes a las que estaba experimentando. Ella, sostenida en su relación con Jesús, puede tener una relación sana con todos los demás. Ella, al sentirse amada, recupera su paz. Al fin y al cabo no hay nada que

nos quite más el sosiego que sentir que nadie nos ama y que no somos importantes para nadie.

9. *Jesús termina diciéndole: "y quedas sanada de tu enfermedad"*. Esa es la consecuencia de todo lo que esta mujer ha vivido. Saberse amada y valorada y recuperar la paz perdida la hacen librarse de ese flujo. Ya no volverá a malgastar la vida. Ya no se le derramará más. Es lo último que el texto nos muestra, como dejando claro que se trata de lo último, no de lo primero, que Él hace y que nosotros debemos acercarnos a Él. Jesús no divulga de qué la ha sanado. Sabe lo que piensan los hombres de esa multitud. Él simplemente actúa con su poder en ella. Respeta su intimidad.

Esta valiente mujer ha encontrado en Jesús lo que estaba buscando. Hoy tienes que entender que eres importante para Jesús. Él no te desprecia como han hecho otros, Él te ama y te valora. Muéstrale tu verdad y deja que Él entre en tu ser y te haga nuevo. Sé que no es fácil lo que estás viviendo, entiendo que todos esos dolores te han paralizado y no te dejan gestionar nada, pero es el momento de actuar, de abrirte a la acción de Jesús y comprender que eres alguien supremamente valioso.

La presencia de Jesús en la vida hace que aquel que se sentía rechazado, despreciado, y que no era tenido en cuenta se sienta ahora escuchado y valorado. Si la mujer antes tenía que esconder su situación para poder estar en medio de la gente, Jesús la acoge y la hace vivir en libertad. Su actuación nos llena de valor. No somos accidentes de la vida. Le da sentido a nuestra existencia porque nos muestra cuál es el camino para ser felices.

La presencia de Jesús hace que asumamos nuestra verdad y fundados en ella vivamos procesos de sanación. Ante Él no vale ninguna careta ni excusa: somos lo que somos y para poder sanarnos tenemos que partir de esa realidad. Él nos acepta tal cual somos. Nos ama sin condiciones, sin restricciones. Por eso contarle toda su verdad es el eje de salvación para la hemorroísa.

La presencia de Jesús nos recuerda que contamos para Él. Saca tiempo para nosotros. Se detiene a escucharnos, se da cuenta de lo más mínimo que pasa a su alrededor. Me impresiona mucho que sepa que la mujer ha tocado su manto, sobre todo porque está en medio de la multitud, como queriéndonos decir que, aunque estemos en medio de mucha gente, su relación con nosotros siempre es personal, única e irrepetible. Pero me sorprende más que tenga el tiempo para escuchar todo lo que esta mujer ha vivido; por lo menos le va a contar los últimos doce años de experiencias. Y Él tiene tiempo para oírla. Eso es genial.

La presencia de Jesús le devuelve la paz perdida a esta mujer. Estoy seguro de que es a través del perdón como uno recupera la paz. Lo que más nos causa dolor y angustia es no perdonarnos por algo que hemos hecho; sentir esa culpa es motivo de mucho desespero y tormento. Perdonarnos nos llena de paz y nos reconcilia con la vida. Eso hace que esta ya no se desperdicie sino que se viva a plenitud.

Además queda claro que lo que más necesitamos es gratis. Esa mujer, que había gastado tanto dinero en tratar de curarse, ahora encuentra gratis, en la persona de Jesús, lo que necesitaba. Fue solo estirar la mano y alcanzarlo. Con certeza estaba ahí para ella, pero a veces no vemos más allá de nuestras narices y nos obsesionamos con soluciones que no existen o que no van a llegar. Hay que vivir en la realidad y lanzarse al amor sin miedo.

Queda una conclusión que me gustaría que pensaras una y otra vez: el encuentro con Jesús restaura integralmente al ser humano y lo habilita para que retome la senda, el camino, pero de otra manera. Cambia la forma de verse a sí mismo, de ver a Dios y de ver su entorno, lo cual posibilita el novedoso empoderamiento de la propia existencia.

El hombre que se ha destruido a sí mismo con acciones equivocadas, que ha destruido sus relaciones interpersonales, que ha dañado a otras personas y que tiene heridas profundas en su ser, por donde se le derrama la vida, al encontrarse con Jesús, experimenta una restauración integral. Se rehace todo eso que está destruido y dañado por sus acciones. No es una cuestión espiritual solamente, es integral. El hombre es una unidad y Dios actúa sobre ese ser. El amor de Dios no actúa por partes sino en todo el ser.

Lo más importante es que habilita al hombre para que rehaga su vida, para que comience de nuevo el camino, para que reconstruya todo lo que había dañado. Lo importante es que todo lo reinicia desde un nuevo punto de vista. Ya no ve de la misma manera la realidad. Ha habido una transformación en su corazón, en su mente, lo que hace que se perciba de una forma nueva, ya no según sus complejos y miedos, sino a la luz del amor de Dios; percibe a los demás, no desde la envidia, la competencia, la indiferencia, sino desde la fraternidad que el amor de Dios le provoca. Todo lo ve desde una nueva perspectiva. La misma relación con Dios es nueva: ya no se cimienta en el miedo, en la ley religiosa, sino en el amor, pues lo siente como el Padre. El hombre que se encuentra con Jesús es un ser nuevo, porque Dios hace nuevas todas las cosas (Apocalipsis 21, 5).

Pero lo más importante que ocasiona el encuentro de Jesús con nosotros es que nos hace dueños de nuestra vida, nos hace creer y confiar en nuestras posibilidades. Nos devuelve el dominio de nuestra existencia, nos llena de fuerza y de poder, para que podamos decidir qué hacer con el don que Él nos ha dado. Esa es la mejor manera de no derramar la vida, de no botarla: saber que eres el que la administra, que puedes elegir según tu conciencia y libertad y que tienes en Jesús un referente que ilumina el camino y que te muestra cuál puede ser el sendero para continuar.

La vida está en tus manos, eres tú el que decides si la pierdes o si la llevas hacia la plenitud. Eres tú quien decide si sigues allí tirado a la vera del camino o si te levantas a hacer camino al andar. Es tu decisión. Y recuerda que no decidir es ya tomar una decisión. Por eso al finalizar este capítulo lo que quiero es invitarte a comprender que eres tú el que tiene que actuar, que no puedes esperar que las soluciones caigan del cielo. Es el momento de entender que está en tus manos seguir derramando la vida o aprovecharla para realizar todos los planes que tienes.

Hay una propuesta existencial en Jesús de Nazaret que te invito a conocer, a analizar y a tratar de aceptar, asumir y vivir. Lo más importante es que la vida no se te siga escapando como agua entre los dedos. Es necesario que seas consciente de todo lo que puedes hacer con tu existencia y tomes la decisión de hacerlo. Ánimo. Estoy seguro de que puedes salir adelante y ser feliz.

Oración

Padre Dios, aquí estoy delante de ti. Estoy tal cual soy. No tengo caretas, ni máscaras: estoy desnudo ante ti. No me importa mostrarte todas las características de mi ser, y que veas mis defectos, mis errores, mis complejos, mis taras. Al fin y al cabo Tú sabes quién soy y qué tengo. Conoces mis desánimos, mi falta de motivaciones para seguir, mis ganas de estar quieto y ver pasar la vida. Sabes que tengo mucho rato de no disfrutar nada de lo que hago. Conoces mis tristezas, mis depresiones y mis deseos de quedarme estático. Y por eso estoy aquí. Sabes que he luchado por salir adelante pero no he encontrado respuestas ni soluciones.

Padre Dios, estoy aquí porque necesito tu ayuda. Necesito sentir que soy importante para ti, que merezco tu mirada, tu atención, tu palabra, tu apoyo. Conozco tu poder y tus manifestaciones de amor, y por eso estoy aquí con el corazón abierto y el ser dispuesto para ti. No quiero sentirme rechazado, ni marginado, ni aislado, quiero vivir en comunión con mis hermanos y para eso necesito de tu ayuda y de tu poder.

Padre Dios, sabes que se me está derramando la vida, que la estoy botando, despilfarrando, y conoces la razón principal. Tú mejor que nadie sabes dónde está el vacío de mi ser que me lleva a no querer vivir o a ver pasar la vida sin que pueda hacer nada. Son tantas las experiencias del ayer que me anclan, que no me permiten fluir, que no me dejan estar en tu amor y sanar todas esas heridas que tengo dentro desde hace tanto tiempo.

Padre Dios, te pido que toques mi interior, que con tu mano poderosa toques mis heridas y las sanes. Sé que tienes el poder para hacerlo, sé que eres tú quien puede hacer que esa fuente de despilfarro que hay en mi corazón cese y se seque. Llena de sentido todo y hazme experimentar que puedo salir adelante.

Padre Dios, te pido, en el nombre de tu Hijo Jesucristo, que restaures en mi vida todo lo que no está bien. Endereza lo que está torcido, levanta lo que está caído, llena todos los vacíos que tengo. Hazme nuevo, tú puedes crearme de nuevo. Dame la posibilidad de entender el mundo de una manera diferente, que pueda amar y confiar con serenidad y tranquilidad.

Padre Dios, tú me has dado la vida para que la administre, y quiero administrarla con sabiduría. Entendiendo lo que tengo que hacer. Sin miedo de tomar decisiones, sin titubeos que no me dejen captar el sentido. Quiero saber qué hacer y responder con inteligencia a todas las situaciones que se me presentan. Dame tu ayuda, dame tu amor, dame tu Espíritu Santo.

Bendice, Padre Dios, a todos los que amo y requieren de tu ayuda. Si ellos están bien, puedo estar mejor en la administración de mi vida. Dame la oportunidad de verlos bien, de no verlos maltratados ni dañados.

Padre Dios, soy tuyo y te pertenezco. Estoy seguro de que, con tu actuación en mí, todo cambiará en mi vida y podré aprovecharla como Tú quieres. Te amo y confío en tu poder. Gracias por todo lo que haces para mí y los que amo. Amén.

Capítulo 6

La dificultad: oportunidad de transformación

No somos los mismos después de pasar por una situación de dificultad. Los problemas, las desgracias, los dolores, las enfermedades tienen el poder de cambiarnos. Las lágrimas, los aplausos, las ausencias, los abrazos, los miedos superados, los retos perdidos nos hacen seres distintos. Es como si las adversidades fueran un horno en el que, a altas temperaturas, nos van transformando según la voluntad y las actitudes con las que hemos decidido vivir.

Después de esas situaciones, tenemos conciencia de cualidades y defectos de los que nunca antes habíamos sabido. Indudablemente, después de toda adversidad somos más fuertes. El estar en medio de la refriega y tener que contestar valientemente a las circunstancias nos hace capaces de ver el mundo y las relaciones interpersonales de otra manera. A veces sucumbimos antes las contrariedades y de ellas aprendemos mucho para poder levantarnos y seguir adelante. Otras veces somos capaces de doblegarlas descubriendo posibilidades de nuestro ser que no conocíamos. Lo cierto es que siempre nos transformamos.

El deseo es que esta transformación sea siempre para bien. Esto es, que después de pasar por esa dura situación seamos mejores seres humanos. Considero que allí está la verdadera lucha, en no dejar que la dificultad nos cambie para mal, que no nos haga amargados, tristes, sombríos, ni nos quite las ganas de seguir viviendo y mejorando. Necesitamos aprovechar la adversidad para crecer, para conocernos más profundamente, para tener mayor dominio de nosotros mismos y poder construir relaciones humanas más sanas. Quisiéramos que esas circunstancias fueran una posibilidad de progreso, no porque después de vivirlas hayamos ganado o no, sino porque hemos adquirido o desarrollado habilidades humanas que nos hacen ser y sentirnos mejores.

De alguna manera la vida se presenta como un proceso de continua transformación porque nos encontramos con dificultades y problemas todos los días y tenemos que estar dispuestos a enfrentarlos y solucionarlos y, sobre todo, tratando de crecer a partir de ellos. Muchas veces las dificultades lo que hacen es mostrarnos dónde está nuestra carencia y llevarnos a tomar conciencia del esfuerzo que tenemos que hacer para crecer. Otras veces lo que ocasionan es que nuestras virtudes se potencien y podamos estar más preparados para la vida.

Reflexionar en torno a esto nos conduce, en primer lugar, a ver con unos nuevos ojos las dificultades. La idea es ser más positivos a la hora de estar en medio de los problemas. Debemos ser capaces de ver la situación adversa no como la peor posible sino como un trampolín que nos puede lanzar a las mejores situaciones. No se trata solamente de entender las dificultades, se trata de qué actitudes asumimos frente a ellas. Recordemos que la actitud con la que enfrentamos la vida es nuestra decisión; nadie debe ni puede hacer esa elección por nosotros.

Uno de los relatos bíblicos en los que creo que se expresa de la mejor manera cómo las dificultades, afrontadas con la actitud adecuada, nos pueden hacer mejores seres humanos es Marcos 10, 46-52, donde se cuenta el encuentro de

Bartimeo con Jesús de Nazaret[23]. A partir de ese encuentro, que se da siempre desde su situación de dificultad, Bartimeo es un nuevo ser humano. Es necesario ver la forma en que él, asumiendo sus problemas, sus deficiencias, es capaz de tomar las decisiones correctas para rehacer su vida. Me aproximaré al texto con base en esta pregunta: ¿cómo hago de mis dificultades una oportunidad de transformación?

Leamos el texto:

> Entonces vinieron a Jericó; y al salir de Jericó él y sus discípulos y una gran multitud, Bartimeo el ciego, hijo de Timeo, estaba sentado junto al camino mendigando. Y oyendo que era Jesús nazareno, comenzó a dar voces y a decir: ¡Jesús, Hijo de David, ten misericordia de mí! Y muchos le reprendían para que callase, pero él clamaba mucho más: ¡Hijo de David, ten misericordia de mí! Entonces Jesús, deteniéndose, mandó llamarle; y llamaron al ciego, diciéndole: Ten confianza; levántate, te llama. Él entonces, arrojando su capa, se levantó y vino a Jesús. Respondiendo Jesús, le dijo: ¿Qué quieres que te haga? Y el ciego le dijo: Maestro, que recobre la vista. Y Jesús le dijo: Vete, tu fe te ha salvado. Y en seguida recobró la vista, y seguía a Jesús en el camino.

Nuestro personaje se llama Bartimeo, el hijo de Timeo. Esto nos hace pensar que estamos ante un relato vocacional y no un relato de milagro, ya que estos últimos tienen siempre personajes anónimos. Cuando hablamos de un relato vocacional hablamos de alguien que le encuentra sentido

---

23 Los que me han escuchado o leído anteriormente saben de mi gusto personal por este relato de Bartimeo, ya que lo he predicado y comentado muchas veces y en distintos lugares. De hecho, en mi primer libro hay un capítulo en el que reflexiono sobre él (Orando y viviendo, Barranquilla, Editorial Minuto de Dios, 2001, pp. 1-9).

a su historia y sabe qué hacer en la vida. En el plano espiritual siempre se ha mirado esto como la comprensión del llamado que Dios le ha hecho y la decisión de vivirlo con total convicción y pasión. De alguna manera este texto nos presenta cómo Bartimeo descubre la razón de ser de su existencia y cómo, a partir de ella, decide hacer autónomamente la construcción de su proyecto de vida. En el texto está claro que todo eso lo ocasiona su encuentro con la persona de Jesús de Nazaret.

En el texto podemos ver claramente que una situación inicial es transformada hasta llegar a una situación final. La circunstancia inicial está expresada en tres características que el autor le da a Bartimeo: es ciego, es mendigo y está sentado a la vera del camino. Esta es su situación de dificultad. Tratemos de comprender bien su significado yendo más allá de lo que es evidente.

1. *Es ciego*. Más allá de la primera significación, es decir, la falta de la visión, hay que tratar de comprender lo que significa esto en la vida de un ser humano. Creo que la situación se podría sintetizar en desorientación, inseguridad, dependencia. Revisemos de manera más detallada lo que esto nos dice.

Una persona que no tiene visión es una persona desubicada, ya que la visión es el sentido que mejor la orienta. Un ciego es alguien que vive en la oscuridad, que no puede distinguir todos los matices que tiene la realidad y por lo mismo no sabe ubicarse. Creo que aquí está expresada la situación de aquellos que no tienen un sentido, una dirección en su vida. Muchas personas pueden estar experimentando esa incertidumbre: aunque tengan su visión, no están ubicadas, no saben lo que quieren, no saben cómo continuar la vida. No le encuentran el sentido a nada de lo que hacen y sufren ante cada momento de dificultad que viven.

Esa desubicación genera mucha inseguridad en esas personas. No ven el camino y por lo mismo no pueden dar los pasos con seguridad y propiedad. Son personas que, al no tener la capacidad de saber dónde están y cómo actuar, tienen miedo de tomar cualquier decisión. Son personas llenas de miedo. Esperan encontrar algo que les evite riesgos, lo cual es imposible si no pueden orientarse y determinar qué es lo que quieren hacer con su vida.

Una imagen que expresa bien la ceguera es la del lazarillo[24]. Alguien que no ve necesita ser guiado por otra persona que pueda ver. Se generan entonces relaciones de dependencia que no permiten asumir la dirección y la construcción del propio proyecto de vida. Estas personas dependen totalmente de los otros, no saben actuar por sí mismas. Tienen miedo de asumir posiciones y decir lo que quieren, y por eso siempre están a la sombra del lazarillo, quien determina sus acciones y sus palabras. En el plano afectivo hay muchos individuos dependientes que están convencidos de que, si no es por el otro (el dominante), ellos no podrían hacer nada.

---

24 Tenemos claro que en el mundo actual se deben hacer construcciones arquitectónicamente incluyentes que permitan que estas personas con discapacidad puedan moverse libre y autónomamente por las distintas ciudades. Lamentablemente nuestras urbes son muy excluyentes con las personas que tienen alguna discapacidad. Ahí hay un trabajo muy importante para todos nosotros que formamos parte de la sociedad. Porque la discapacidad no debe ser un impedimento para que las personas, siendo dueñas de sus vidas, se realicen y sean felices.

Estas personas son las que mendigan amor y quieren que los demás tomen todas las decisiones por ellas y les muestren cómo actuar. Son personas que piensan que su vida no tiene sentido sin la presencia del otro. Son las que pisotean su dignidad con tal de no ser abandonadas por esa persona de la que necesitan. La desorientación, la inseguridad, se expresa en una dependencia patológica que termina robándoles la libertad y la responsabilidad ante la vida.

Bartimeo no es ciego de nacimiento, lo cual significa que ha perdido el rumbo de la vida por alguna situación. Esto nos permite ubicar a aquellas personas que en algún momento han tenido claro el sentido de su existencia pero por distintas circunstancias lo han perdido y ahora no saben cómo vivir. Han perdido eso que llenaba de sentido sus vidas y por eso ahora están desorientadas, inseguras y dependen de otros.

2. *Se encuentra en estado de mendicidad.* Este estado es consecuencia de lo anterior. El no poder dirigir su vida hace del ciego un mendigo; su desorientación, su inseguridad, su dependencia se expresan públicamente en una situación de mendicidad, en la que se vive de las limosnas que otros dan. El texto nos muestra a un mendigo profesional: Bartimeo.

Él tiene su "oficina" en el camino que conduce de Jericó[25] a Jerusalén. Sabemos que este es el último tramo de la

25 Jericó es la "ciudad de las palmeras", muy próxima al río Jordán y al Mar Muerto. Dista unos treinta kilómetros de Jerusalén, atravesando el desierto de Judá. Era un lugar en el que algunos peregrinos pasaban la noche antes de hacer el último tramo hacia la Ciudad Santa. El texto nos deja claro que Jesús es uno de esos peregrinos.

peregrinación a la Tierra Santa. Seguro los peregrinos que están ya coronando su camino están sensibilizados y pueden dar mejor una limosna a alguien que se encuentra a la vera del camino. El acercarse a Jerusalén provoca en ellos una actitud generosa porque van al encuentro de Dios. El mendigo es alguien acostumbrado a pedir, alguien que vive de la "generosidad" de los otros, alguien que, al permanecer en la oscuridad de su falta de visión, ha creído que no puede sostenerse por sí solo.

Muchos de los que me leen están pasando por situaciones de mendicidad, en todas las dimensiones de la vida. Han dejado que la dirección de su existencia no les pertenezca y sea llevada por otro. Han creído que sin la presencia de esa persona no pueden salir adelante, no pueden alcanzar los sueños que se han planeado. Viven de migajas, de limosnas que les dan, sin saber que tienen dentro la fuerza, el poder, las capacidades para ganarse su "propio pan" luchando y dando lo mejor.

Lo más triste es que se acostumbraron a ser mendigos. A recibir todo de los demás. Creyeron que habían nacido para eso, que esa era su manera de estar y de actuar en el mundo, lo cual no es cierto porque estamos en el mundo para ser libres, autónomos y capaces de construir el mejor de los proyectos, la vida. Nadie debe ser mendigo. Nadie debe creer que la razón de su ser es "pedirle" al otro y vivir de la "generosidad" de los demás. Todos deberíamos tener las condiciones mínimas de dignidad para realizarnos personalmente.

3. *Está sentado a la orilla del camino*. La imagen de un hombre que está a la orilla del camino, viendo a los otros

caminar, es muy elocuente para presentar la situación de Bartimeo. De alguna manera él se encuentra estático, paralizado, no vive la dinámica de la vida, no está viviendo. Las migajas que le dan los otros no alcanzan para vivir, y por eso se halla echado a la vera del camino. Recuerdo al poeta: "Caminante, no hay camino, / se hace camino al andar". Pues Bartimeo no camina, no hace camino. Su vida está suspendida en un momento de la historia. Imagino que así les pasa a muchos. Están anclados en el ayer, en un momento de la historia y ya no andan, ya no se lanzan a construir nuevas realidades.

Llama la atención el contraste entre Bartimeo y Jesús, sus discípulos y la muchedumbre. Mientras aquel está "achantado", Jesús y los otros peregrinan, caminan, van haciendo la vida. Ellos, iluminados por Jesús, recorren las arenas de su existencia teniendo claro el sentido, la dirección para donde van. No deja de llamar la atención, mientras ellos van al encuentro de Dios (Jerusalén es el lugar del Templo en el que está la presencia de Dios), Bartimeo está ahí sin moverse, sin ir para ninguna parte, sin norte y sin algo que le haga comprender la vida.

Muchos están como él, sin moverse porque no saben para dónde ir. No tienen claro qué es lo que quieren o cuál es la dirección correcta en la vida. Eso los hace sufrir y creer que todo está perdido. Faltan las ganas, las fuerzas, el ánimo, la motivación para esforzarse y encaminarse hacia algún lado. Si no hay a dónde ir, es mejor no moverse. Así lo entiende Bartimeo, y mientras tanto estira la mano recogiendo alguna migaja que le ayude a sostenerse.

Muchos están paralizados porque alguien que los ama les ha dicho que ya no los ama más y eso les ha quitado todas las ganas de seguir caminando. Otros lo están porque tuvieron una pérdida económica que les agotó todo el recurso de su autoestima y ahora creen que ya no pueden hacer nada más. No falta el que está paralizado porque piensa que no tiene ninguna capacidad, ninguna posibilidad en la existencia y prefiere seguir pidiendo en vez de soñar con algún proyecto.

Sé que estar sentado a la orilla del camino puede resultar cómodo. El mendigo no tiene los afanes del que camina, no tiene que subir o bajar según sea la forma del sendero. Sus decisiones son pocas, luego sus responsabilidades también, y si bien no quiere lo que necesita, "aunque sea" se tiene algo para no morirse de hambre. Todo es cierto, pero allí no está la felicidad. La felicidad no es ver pasar a los otros con sus sueños y sus planes. La plenitud que buscamos desde dentro de nosotros nos invita a levantarnos, a caminar, a buscar, a perdernos, a encontrarnos y a volver a intentarlo. Esa es la dinámica de la vida. No podemos esperar que las soluciones nos lleguen mientras estamos sentados viendo pasar la existencia. Tenemos que salir adelante. Nada nos devolverá lo perdido si no vamos a buscarlo. Tenemos que hacer que esta situación en la que estamos sea un motivo para crecer, para mejorar, para transformarnos en mejores seres humanos.

Esa es la situación inicial de Bartimeo: ciego, mendigo y sentado a la orilla del camino. Esa es la dificultad grande que tiene. Vive en la adversidad. Y vuelvo a insistir: es la situación de muchas de las personas que me leen. Pero eso cambia, este hombre es transformado, y creo que tú lo puedes hacer. ¿Cómo logra que esas circunstancias difíciles se vuelvan una oportunidad de transformación?

El texto nos presenta tres acciones de Bartimeo que le permiten hacer de esas adversidades una oportunidad de trasformación: percibe la presencia de Jesús, pide ayuda y rompe su cotidianidad haciendo algo nuevo. Revisemos estas acciones y tratemos de ver cómo nos motivan para salir de la situación de dolor en la que estamos.

1. *Percibe la presencia de Jesús*. Este es tal vez uno de los mensajes más fuertes para los lectores del relato. Este hombre es ciego, pero eso no le impide percibir que va pasando Jesús. No es cierto que nuestras discapacidades nos impidan encontrarle sentido a la vida. No es cierto que nos hagan inútiles. Pero muchos convierten su discapacidad en una buena excusa para no hacer camino, para no construir proyectos que los realicen.

Bartimeo es ciego, está desorientado, pero es capaz de percibir que Jesús de Nazaret, aquel que trae una propuesta de sentido, está pasando por su camino. Nos hemos acostumbrado a no escuchar, a no percibir lo que está ocurriendo a nuestro lado. Hemos fabricado una vida en la que somos capaces de oír todos los ruidos presentes, pero en la que no sabemos escuchar el mensaje que nos dan en la cotidianidad. Para poder percibir el paso de alguien por mi vida tengo que estar abierto a la novedad, tengo que entender que no todo está en mí, que hay muchas "verdades" que me trascienden y que, si quiero conocerlas, debo salir de mí y tratar de comprenderlas.

Ahora, en términos de discipulado, escuchar es la actitud más importante de un discípulo. Él tiene que tener el oído abierto a la palabra que sale de la boca del maestro. De hecho, uno de los reclamos constantes de Dios a los creyentes es que nos hacemos los sordos ante sus palabras: "¿Aún no comprendéis ni entendéis? [...] ¿Teniendo ojos no veis y teniendo oídos no oís?" (Marcos 8, 17-18). Sin escuchar no hay posibilidad de ser discípulos.

¿Cuántas veces hemos dejado pasar propuestas de sentido por no tener el oído atento? ¿Cuántas veces nos hemos cerrado a escuchar una palabra que nos mueva y nos interrogue? Bartimeo percibe, escucha el paso de Dios por su vida, y eso hará que su vida sea nueva. Es esa apertura la que le posibilita encontrar en Jesús una transformación para su existencia. Si estamos cerrados, si nos escondemos en nuestra terquedad, si no queremos escuchar nada, es muy probable que solo podamos estar sentados a la orilla del camino.

Es el momento para que te dispongas a superar tu propia dificultad; no la vas a usar como una excusa para seguir ahí tirado. Sí, es cierto que tienes esa discapacidad, pero también es cierto que tienes una gran cantidad de capacidades, de cualidades que debes usar para salir adelante. Ten la actitud adecuada para hacer de esta situación de dolor una oportunidad que te haga crecer como ser humano y como creyente.

2. *Pide ayuda: "¡Jesús, Hijo de David, ten misericordia de mí!"*. El espíritu prepotente del mundo de hoy nos hace creer que lo podemos todo y que no necesitamos ayuda de nadie. Esa prepotencia es la que nos hace estrellarnos contra

los muros de la dificultad y la que nos hace deprimirnos al constatar que por nosotros solos no podemos solucionar los problemas fundamentales de la vida. Quien no asume una actitud humilde y no abre su corazón para pedir la ayuda adecuada de los seres humanos que están a su lado, no podrá alcanzar la realización de sus sueños. Bartimeo no se deja llevar por ese espíritu. Este hombre sabe que necesita ayuda y la pide sin miedo, sin preocupaciones, con sinceridad y con libertad. Él escucha que viene Jesús[26], seguro había escuchado hablar de Él en otra ocasión y sabe que Jesús lo puede ayudar, y hace una sentida súplica. Muchos siguen en su situación porque no piden ayuda, porque están encerrados en su orgullo y creen que solos pueden salir adelante. Sin pedir la ayuda adecuada no van a poder encontrar el camino que quieren recorrer y tendrán que seguir sentados viendo a los otros caminar.

La súplica tiene mucho contenido teológico. Hace un reconocimiento de Jesús como el Mesías —Hijo de David—. Pide lo que los hombres esperamos siempre de Dios, misericordia, que es una petición densa que implica mucho más de todo lo que nosotros pudiéramos pedir con súplicas más concretas. Al parecer, no le pide la salud sino mucho más: que tenga misericordia de su situación.

---

26 A veces me pregunto: ¿sabría Bartimeo que Jesús iba a pasar por allí? Me permite pensar esto el dato que da el texto de que Jesús pasa la noche en Jericó. Bartimeo debe ser alguien que escucha tantas cosas, al estar en la orilla del camino, que muy probablemente sabía que Jesús había llegado a Jericó y que iba camino a Jerusalén. No creo que pueda demostrar esto, pero nadie puede evitar que me lo siga preguntando.

Es una súplica que nace de lo más profundo de su corazón, en la que se resumen ideas teológicas muy interesantes, las cuales no trabajaré de manera detenida acá, porque lo que me interesa es mostrar cómo para superar las dificultades; para volverlas una oportunidad de crecimiento tenemos que reconocer que no podemos solos, debemos solicitar ayuda y debemos hacerlo con convicción, con fe y con inteligencia.

La expresión Hijo de David es una invocación a la raíz tradicional y familiar de Jesús y tiene toda la fuerza de las promesas mesiánicas[27]. Bartimeo reconoce en Jesús el cumplimiento de las promesas que Dios había hecho al pueblo de Israel. Lo reconoce como el Mesías anunciado. Él sabe que con Jesús ha llegado la libertad para todos los que están atrapados por alguna enfermedad o por el mal propiamente dicho. De alguna manera es un hombre de fe, conoce las promesas mesiánicas y sabe reconocer en Jesús la realización de todas ellas.

Según mi experiencia de fe, no solo basta con pedir ayuda a las personas adecuadas que están a nuestro alrededor, también se hace necesario abrir el corazón a Dios y pedirle que me ayude a sostenerme de pie en el campo de batalla contra el mal y los problemas. Por eso en este momento quiero invitarte a que seas consciente de tus capacidades y de todos los dones que Dios te ha dado. Es bien importante

---

27 Isaías 35, 2-5: "Se verá la gloria de Yahveh, el esplendor de nuestro Dios. Fortaleced las manos débiles, afianzad las rodillas vacilantes. Decid a los de corazón intranquilo: ¡Ánimo, no temáis! Mirad que vuestro Dios viene vengador; es la recompensa de Dios, Él vendrá y os salvará. Entonces se abrirán los ojos de los ciegos, y las orejas de los sordos se abrirán…".

que reconozcas que eres alguien valioso y que tienes muchas riquezas en tu vida. Asimismo es necesario que reconozcas que tú solo no puedes vencer y que necesitas apoyo. El de los hermanos que te aman y el de Dios. Si por un lado está el orgullo de saberse capaz, por otro lado tiene que estar la humildad suficiente de quien sabe que necesita ayuda. Es fundamental para la realización de tu proyecto de vida que hoy tomes conciencia de esto. No sigas siendo terco y creyendo que solo vas a poder lograr lo que ya llevas muchos años intentando. Es el momento de pedir, con total modestia, ayuda a las personas idóneas y dejar que te la brinden. Es el momento de abrirle el corazón a Dios en tu vida, y de que vuelvas a hacer el acto de entrega y de adoración que hiciste el día que lo conociste.

Esa es la manera de estar preparado para vencer los problemas, las pérdidas, las frustraciones y tantas otras experiencias que buscan derrotarnos de manera definitiva. Sabernos unidos a Dios, saber que Él está actuando a nuestro favor, nos da la tranquilidad y la serenidad que requerimos para seguir adelante. Tú no te apoyas en cualquier bastón humano, has puesto tu esperanza en la fuerza y el poder de Dios, y por eso ahora estás calmado y quieres seguir luchando. No dejes que las lágrimas que te producen las situaciones difíciles te hagan perder la visión y te extravíen en los laberintos del dolor. Hoy, vuelve a decirle a Dios que confías en Él y que estás dispuesto a seguir amándolo y bendiciéndolo todos los días de tu vida. No llores en este día, más bien ponte en su poder. Sé humilde y reconoce que sin Él no puedes vivir. Estoy seguro de que solo con hacer eso su fuerza estará a favor tuyo y podrás seguir dando la batalla.

En vez de desesperarte, de angustiarte y de darte por vencido, dale gracias a Dios porque está a tu lado y porque te vuelve a ayudar como lo ha hecho siempre.

¿Qué pide Bartimeo? Misericordia. Con certeza ha leído el salmo 50 y está reconociendo la necesidad que tiene de Dios. Pide el amor de Dios, que hace nuevas todas las cosas. Anteriormente habíamos entendido la misericordia como esa acción amorosa de Dios de hacer suyo el dolor humano. Este hombre le está gritando que asuma toda su situación. Él está pidiendo mucho más que una limosna, que era lo que estaba acostumbrado a pedir. Él quiere que Dios lo llene de todo su amor, que le haga sentir ese amor que le hace falta. Que lo transforme con su presencia amorosa. Él está pidiendo lo que necesita.

Me gusta que revisemos bien lo que pide Bartimeo. Porque muchas veces nosotros pedimos lo que no necesitamos. Él está pidiendo que le cambie la vida, que le haga ver todo de una manera nueva. Eso va más allá de la solución de un problema puntual. Él no está pidiendo que le solucionen un instante, como tal vez se lo pedía a los otros que pasaban por ese camino; él quiere de Jesús ese amor que da plenitud y hace vivir para siempre.

Aquí, en esta súplica, también hay un elemento que no podemos soslayar porque nos puede hacer comprender mejor cómo debemos actuar nosotros: "¡Jesús, Hijo de David, ten misericordia de mí! Y muchos le reprendían para que callase, pero él clamaba mucho más: ¡Hijo de David, ten misericordia de mí!" (Marcos 10, 47-48). Si hasta ese momento había sido un sujeto pasivo que pedía limosna, ahora se convierte en un sujeto activo y decidido. No hace caso a los que lo mandan callar; sabe que hay gente cuyo objetivo es obstaculizar la vida y sabe también que tiene que vencerla, haciendo caso omiso de sus juicios. El texto dice que grita con más fuerza, o sea, no solo no se calla sino que además refuerza su petición.

Esto es fundamental en ese proceso de hacer de las dificultades oportunidades de transformación: hay que estar dispuestos a vencer todos los obstáculos que se presenten. Siempre hay gente que no quiere que crezcamos, que sanemos, que estemos libres. Son auténticos "dificilitadores", especialistas en poner obstáculos a nuestro deseo de mejorar y de salir adelante. Me impresiona que algunos que van con Jesús sean "dificilitadores"; no es lo que uno espera, pero sucede y tenemos que estar preparados para tratar con ellos.

Hay que saber a quiénes escuchar. No podemos dejarnos golpear interiormente por una crítica, por un juicio negativo, por un ataque de alguno de estos que no quieren que salgamos adelante. Ahí hay que ser sordos. Tenemos que actuar con convicción. Bartimeo no puede permitirse el darse por vencido, por el rechazo que sufre de esos hombres. Él ha tomado una decisión y la tiene que mantener por encima de ese rechazo. Muchos fracasan porque no son capaces de mantener su decisión, sucumben a la crítica, a la primera dificultad. Quien quiera salir adelante tendrá que dar la batalla, tendrá que apretar los dientes y avanzar inteligentemente. Tendrá que sobreponerse a todas esas ideas y sentimientos negativos que pueden surgir cuando uno quiere salir de la situación que tanto lo ha hecho sufrir.

Pero quien quiera hacer esto también tiene que enfrentarse con el reto que le pone Jesús. Seguro Bartimeo esperó que Él se acercara hasta donde está y le impusiera las manos o hiciera algo por él: eso es lo que ha oído de lo que hacía Jesús con los enfermos que le pedían ayuda. Pero no. Jesús pide que Bartimeo vaya hasta donde está el Hijo de María. Tiene que hacer camino si quiere encontrarse con Jesús, no puede seguir tirado en la orilla; tiene que tomar la decisión de hacerse dueño de sí mismo, incorporarse y dar los pasos necesarios hasta llegar donde está Jesús. Esto me impresiona porque no es lo que uno espera. Pero tenemos que estar abiertos a las sorpresas de la vida y en la relación con Dios tenemos que estar atentos a que Dios nos sorprenda.

Bartimeo asume el reto. Decide ir hacia Jesús. Y si había algunos que le decían que se callara, que no molestara, ahora hay algunos que lo animan: "y llamaron al ciego, diciéndole: ánimo; levántate, te llama". Hay gente que lo anima a ir hacia Jesús. Estos podrían ser los facilitadores. Siempre hay gente así en nuestra vida. Siempre, en el camino de la existencia, nos encontramos con personas que nos alientan, que nos ayudan a estar listos para ir adelante. Seguro en tu vida hay quienes te están diciendo que puedes hacerlo, que te están mostrando el cariño. Es importante que las escuches. Así como no escuchamos a los "dificilitadores", sí escuchamos a los facilitadores.

El texto no dice que ellos lo levantaron y lo llevaron. Dice que lo animaron. Creo que aquí hay otra clave: no podemos pretender que otros hagan lo que a nosotros nos toca hacer. Él tiene que levantarse, que erguirse, que hacerse el dueño de su vida, romper esas limitaciones y vencer. Y es lo que va a hacer.

No pretendas que otros te solucionen el problema. No busques depender de nadie. No esperes que te digan lo que debes hacer. Es necesario escuchar las palabras de ánimo, las reflexiones que comparten con nosotros, pero somos nosotros quienes debemos tomar las decisiones que necesitamos y hacerlo con fuerza y convicción. Nadie va a levantarte: eres tú quien tiene que levantarse, con el poder de Dios. A veces estás buscando en estos libros o en algunos consejeros que te resuelvan la vida, y esta solo la puedes resolver tú mismo. Esto lo único que pretende es provocar nuevas posibilidades para ti, experiencias que tú tienes que vivir.

3. *Rompe su cotidianidad.* La invitación de Jesús de ir a su lado implica que Bartimeo tome dos decisiones, que son ya los primeros pasos de su transformación porque suponen despojarse de su condición actual para comenzar a estrenar una nueva condición. El que antes estaba sentado a la orilla del camino y pedía limosna sobre su manto, ahora da un brinco para caminar hacia Jesús, que lo está llamando.

- "Arroja el manto". El manto es el mayor bien de un pobre, lo único que le queda (Éxodo 22, 25-26). Es su cobija para la noche, su abrigo para el frío, su recipiente para la limosna. Es todo lo que tiene. Pero Bartimeo no tiene reparos en dejar a un lado el manto para ir hacia Jesús. No está apegado a eso que representa su misión. Está dispuesto al cambio. Otro hubiera podido recoger primero el manto, guardarlo y luego sí ir donde Jesús, pero este hombre no tiene inconveniente en dejarlo a un lado. Es capaz de desprenderse de su "seguridad". De alguna manera está abandonando su actividad de mendigo, porque ese manto también lo caracterizaba como tal.

¿Hasta dónde somos capaces de dejar eso que nos ha brindado seguridad en el último tiempo? Esa es la pregunta que nos tenemos que hacer, porque muchas veces lo que nos da seguridad también es lo que nos ata y no nos deja fluir. Por eso se nos invita a estar desapegados. No vas a transformarte si no eres capaz de liberarte de eso que te tiene anclado y no te deja ser mejor. Aunque parezca tu tesoro, tienes que darte cuenta de si realmente te está haciendo bien o no.

Esto no es fácil. En el mismo capítulo tenemos un ejemplo de alguien que no fue capaz de desapegarse de eso que lo estaba atando para seguir a Jesús:

> Cuando Jesús salía para irse, vino un hombre corriendo, y arrodillándose delante de Él, le preguntó: "Maestro bueno, ¿qué haré para heredar la vida eterna?". Jesús le respondió: "¿Por qué me llamas bueno? Nadie es bueno, sino solo uno, Dios. Tú sabes los mandamientos: 'No mates, no cometas adulterio, no hurtes, no des falso testimonio, no defraudes, honra a tu padre y a tu madre'". "Maestro, todo esto lo he guardado desde mi juventud", dijo el hombre. Jesús, mirándolo, lo amó y le dijo: "Una cosa te falta: ve y vende cuanto tienes y da a los pobres, y tendrás tesoro en el cielo; entonces vienes y me sigues". Pero él, afligido por estas palabras, se fue triste, porque era dueño de muchos bienes. (Marcos 10, 17-22)

No acepta la propuesta de Jesús porque no va a dejar su riqueza. Insisto: algunos no mejoran porque no quieren soltar, dejar, renunciar a eso que no los deja avanzar en la medida en que lo consideran su tesoro y les da alguna seguridad. El que no veía encontraba en el manto y el mendigar su mayor seguridad, pero hoy está dispuesto a todo y por eso lo deja a un lado.

- "Da un salto y viene donde Jesús". Eso suena a exageración. ¿Un ciego está dando un salto? Expresa la total confianza en Jesús. Es un complemento del gesto anterior. Ahora se abandona totalmente, se entrega, se lanza a vivir de una manera diferente. Acepta la invitación de Jesús rápidamente. No tiene miedo en ir hasta donde Él. ¿Cómo entender en nuestra vida ese salto de fe? En tu vida diaria, ¿cómo será ese salto? Estoy convencido de que a muchos de nosotros nos hace falta fe, convicción en la propuesta de vida que nos hace Jesús de Nazaret. Nos cuesta creer de verdad en el amor, en el perdón, en el servicio, en la solidaridad. De acuerdo con mi comprensión, esa invitación es a apostar por esas realidades en mi vida, a correr el riesgo de estar equivocado, como lo corre el ciego de caerse o de tropezarse. Pero quien cree se arriesga.

  Es una imagen muy fuerte la de un ciego saltando hacia delante. Es una expresión de confianza total y muestra cómo hace este hombre para volver sus dificultades una oportunidad de transformación. Si él va a ser alguien diferente, es porque se arriesgó para serlo. Sin ese riesgo es muy difícil. Con las manos agarradas al pasado no podremos construir y alcanzar un mejor futuro.

En conclusión, dejar el manto implica romper con todos los apegos y quedar libre para estar con Jesús, y el salto de la fe es el atrevimiento de confiar en ese que lo llama. ¿Serás capaz, tú que me lees, de tomar esas decisiones? ¿Ahí está la clave para poder vivir esa transformación?

Estas tres acciones están claras y definidas: percibe la presencia de Jesús, pide ayuda y rompe su cotidianidad haciendo algo nuevo. Si no eres una persona de fe, te las podrías plantear en los siguientes términos: percibes la presencia de una oferta de sentido, buscas ayuda y apuestas por esa propuesta que acabas de encontrar. No puedes quedarte quieto. Tienes que hacer el esfuerzo de moverte y de salir de la situación en la que estás. No te voy a decir que estas palabras te van a quitar los problemas mágicamente porque eso no es verdad; a lo que te puedo invitar es a movilizarte en función de eso que quieres alcanzar. Bartimeo tiene para ti un ejemplo que debes aceptar y asumir.

Creo que vale la pena tratar de reflexionar sobre el diálogo que se da entre Jesús y el ciego, quien, dejando el manto y saltando, ha llegado hasta su presencia: "Respondiendo Jesús, le dijo: ¿Qué quieres que te haga? Y el ciego le dijo: Maestro, que recobre la vista. Y Jesús le dijo: Vete, tu fe te ha salvado. Y en seguida recobró la vista, y seguía a Jesús en el camino" (Marcos 10, 51-52).

Siempre me ha impactado la pregunta que hace Jesús: "¿Qué quieres que te haga?". Porque al parecer sobra esa pregunta. Es ciego, llega hasta él como cualquier ciego. Creo que era obvio lo que este hombre necesitaba. Pero después de tanto tiempo como presbítero católico y de viajar a bastantes países de América Latina me doy cuenta de que era una pregunta necesaria, ya que muchas personas piden lo que no necesitan. La pregunta, de alguna manera, lo que quiere indagar es si Bartimeo tiene claro cuál es la causa de su situación. Hubiera sido posible que este ciego pidiera un Ferrari o cualquier otra cosa superflua. Así somos los hombres: no pedimos lo que requerimos, a veces ni siquiera lo sabemos. Este ciego sí que sabe lo que necesita. Él sabe que la oscuridad en la que vive es la causa de toda su situación y que ya ha aprendido bastante de ella y quiere crecer.

Aquí, la oscuridad tiene que ver con la falta de una propuesta de sentido de vida, y eso es lo que Jesús le presenta. Jesús es la luz del mundo y quiere iluminar a todos los que viven en tinieblas, y es lo que quiere hacer en la vida de este hombre que con tanta decisión se ha lanzado hacia Él. Eso lo sabe Bartimeo y es lo que pide. Este ciego no quiere nada más. No pidió una limosna, pidió lo que necesitaba para ser nuevo. Por primera vez actuó como un no-mendigo.

Jesús le devuelve la vista. Lo ilumina con su presencia. Le muestra el camino que conduce a la felicidad. Le cambia la vida. Esto es fundamental. Bartimeo ha aceptado su situación, ha percibido a Jesús, ha pedido ayuda, ha confiado plenamente cambiando sus acciones cotidianas y por eso ahora recobra la vista, vuelve a tener una orientación en su vida, vuelve a ser dueño de sí mismo y ya no tiene que mendigarle nada a nadie.

Es importante que el autor del relato deje clara la transformación total que se ha dado en la persona de Bartimeo. El que antes era ciego, ahora ve; el que antes era mendigo, ya no lo es, y el que antes estaba a la orilla del camino, ahora recorre el camino tras Jesús. Ha habido un cambio completo.

Estoy seguro de que esto puede pasar en tu vida. Es el momento de mirar tus dificultades, mirar las actitudes de

Bartimeo y comenzar a trabajar en ellas. Tienes que ver la vida de una manera bien distinta. No eres uno más, eres alguien valioso que hoy puede encontrar la manera de transformar todo. Si tienes la percepción y la convicción de Bartimeo verás cómo todo va cambiando en ti. Eso es lo que debes hacer. No tengas miedo a los riesgos: estos siempre están en la vida y hay que asumirlos. Que los riesgos no te paralicen, porque eso no te sirve para ser feliz. Te invito a tomar decisiones, es el momento.

Sé que este es un relato vocacional. Lo que está en juego es el camino por seguir. Se trata de saber qué hacer con la vida. Bartimeo vivía en la oscuridad y no sabía para dónde ir, pero ahora sabe que el sentido de la vida es ir tras Jesús, esto es, asumir su propuesta de vida y hacerla propia. Pasa de estar a la orilla del camino a ser un discípulo.

Lo que siempre está en juego es eso: ¿qué hago con mi vida? La vida no se te ha dado para que la pierdas mientras coges las migajas que caen de la mano del dominante; tampoco se te ha dado para que la pierdas sentado a la orilla del camino mientras otros la construyen con decisión y responsabilidad. La vida te ha sido dada para que la disfrutes, para que la goces, para que la vivas a plenitud y seas un hombre feliz, que asume las consecuencias, que se arrepiente cuando actúa mal y reinicia de nuevo la vida. Eso es lo que hoy te enseña este relato del ciego de Jericó.

Las dificultades nos hacen crecer cuando las asumimos con sinceridad, cuando las enfrentamos con inteligencia, cuando recibimos las ayudas idóneas y cuando nos decidimos a actuar de la manera correcta. Estoy seguro de que serás un mejor ser humano después de enfrentar tu situación.

Además, los que tenemos fe creemos que Dios nos da su Espíritu Santo para que podamos hacerlo.

Oración

"Oh mi Jesús, que seas para mí.

Tú, vida para mi alma, Rey de mis amores, vive y reina en mí perfectamente.

Viva Jesús, viva el Rey de mi corazón, viva la vida de mi vida. Que él sea el amado y glorificado por todo en todas las cosas.

Te pido, fuego divino e inmenso, fuego devorador, que me consumas íntegramente en tus sagradas llamas.

Oh fuegos, oh llamas celestiales: caed sobre mí y transformadme en llamas de amor a mi Jesús.

Tú, oh Jesús, que eres todo fuego y llama de amor hacia mí, haz que yo sea fuego y llama de amor hacia ti.

Tú, Jesús, eres todo mío: que yo sea todo tuyo por siempre.

Tú eres el Dios de mi corazón, mi único tesoro: solo a ti anhelo en el cielo y en la tierra.

Ven, Señor Jesús, ven a mi corazón para que allí te ames tú mismo en forma perfecta.

¡Nada quiero, yo lo quiero todo;
Jesús es mi todo: fuera de él todo es nada;
Quítame todo, pero dame ese solo bien;
Y todo lo tendré,
Aunque no tenga nada!".

Al expresarte lo que quiero de ti, Señor mío y Dios mío, con estas palabras de San Juan Eudes, lo que busco es tener la actitud de Bartimeo. Quiero confiar como él, quiero dejar a un lado todas mis falsas seguridades, esas realidades que he decretado como mis tesoros y que lo único que hacen es anclarme y no dejarme fluir hacia mejores situaciones de vida.

Te pido, Señor mío y Dios mío, que en este momento pases tu mano sanadora por todo mi ser y sanes todas las heridas que me hacen vivir en tinieblas. No quiero seguir en la oscuridad de no saber lo que debo hacer, quiero estar en tu presencia y tener clara cuál es la mejor dirección para mí. Sospecho que todas esas heridas son las que ocasionan mi oscuridad; por eso hoy quiero que actúes en mí y me hagas estar sano.

Señor mío y Dios mío, te quiero pedir que me des la capacidad de abandonarme en tus manos. Quiero ser tuyo y vivir para ti. Sé que eso es lo mejor que me puede pasar en la vida. Te pido que me tomes en tus manos y me hagas tuyo. Quiero sentir que tu presencia me cuida, me protege y me hace vivir en libertad y en autonomía.

Gracias por ayudarme, mi Señor y mi Dios, a hacer de cada dificultad una oportunidad para crecer y ser cada día un mejor ser humano. Gracias por todas las bendiciones que me has dado. Te amo y confío en ti. Amén.

Conclusión

Al final de un camino que continúa...

Terminamos el texto pero seguimos viviendo. Seguro ahora hay más preguntas que antes, pero espero que también haya más ánimo, más fuerza, más paz y muchas más tareas que antes. Con certeza no se resolvieron las dificultades que tienes, pero sí estás interiormente más preparado para seguir luchando contra ellas. Sé que las vas a vencer.

Escribir este texto me ha dejado cuatro aprendizajes que quiero compartir con ustedes:

1. *Entender que las dificultades y los problemas forman parte de nuestra condición humana y que siempre los vamos a tener.* Pero entender también que no hay ningún problema que sea más grande que nuestra capacidad de luchar y de soportar. Estoy seguro de que cada uno de ustedes puede vencer las adversidades que enfrenta en este momento. Para ello tienen que creer en sí mismos y tener claro que ningún problema supera su capacidad de lucha.

2. *Saber que la actitud con la que enfrentamos estas situaciones es nuestra decisión.* Nadie puede decidir eso por nosotros. Entonces es cuando más libre somos. Tenemos que aprovechar eso para decidir ser optimistas a la hora de hacer frente a cada una de esas dolorosas y duras circunstancias.

3. *Siempre tenemos ayuda. Tenemos que elegir la adecuada.* Pero siempre hay gente dispuesta a acompañarnos en la batalla. No falta el que nos ponga zancadillas, pero

tampoco faltarán los amigos que tratarán de dar la vida por ti. Eso lo tienes que tener claro para que no te sientas solo nunca. Eso sí, debes saber elegir a las personas que te van a ayudar.

Los que creemos en Dios tenemos una ventaja sobre aquellos que no creen, ya que la presencia de Dios en nuestra vida se transforma en esperanza, en fe, en fuerza espiritual. Él no va a solucionarnos los problemas, pero sí nos va a dar ayuda para que lo hagamos. Él está ahí para darnos su Espíritu Santo e impulsarnos a encontrar los caminos que requerimos para vivir tranquilos.

4. *Las soluciones son asumidas desde dentro*. Aunque se inspiren fuera, aunque haya amigos que nos ayuden, aunque nos provoquen actitudes y nos den consejos desde el entorno, es en el corazón donde decidimos qué hacer. Por eso la luz que andamos buscando está dentro de nosotros. Es necesario aprender a descubrirla y a vivirla con total nitidez.

Vuelvo a agradecerles a todos ustedes su compañía y su amabilidad al leer este texto. Gracias por darme la oportunidad de pensar en voz alta. Si se dieron cuenta, no hay ninguna cita, aparte de las de la Biblia, sino que son ideas mías; claro, todas nacidas en las lecturas que he hecho, en las clases que he recibido, en los diálogos que he tenido. Por eso, si reconoces alguna idea que creas que es de otro, puede serlo, porque nadie piensa con absoluta originalidad. Todos somos la suma de lo que hemos leído y comprendido a lo largo de nuestra vida.

Bendiciones y te deseo lo mejor.

DIANA

España
Av. Diagonal, 662-664
08034 Barcelona (España)
Tel. (34) 93 492 80 00
Fax (34) 93 492 85 65
Mail: info@planetaint.com
www.planeta.es

Paseo Recoletos, 4, 3.ª planta
28001 Madrid (España)
Tel. (34) 91 423 03 00
Fax (34) 91 423 03 25
Mail: info@planetaint.com
www.planeta.es

Argentina
Av. Independencia, 1668
C1100 Buenos Aires
(Argentina)
Tel. (5411) 4124 91 00
Fax (5411) 4124 91 90
Mail: info@eplaneta.com.ar
www.editorialplaneta.com.ar

Brasil
Av. Francisco Matarazzo,
1500, 3.° andar, Conj. 32
Edificio New York
05001-100 São Paulo (Brasil)
Tel. (5511) 3087 88 88
Fax (5511) 3087 88 90
Mail: ventas@editoraplaneta.com.br
www.editoriaplaneta.com.br

Chile
Av. 11 de Septiembre, 2353, piso 16
Torre San Ramón, Providencia
Santiago (Chile)
Tel. Gerencia (562) 652 29 43
Fax (562) 652 29 12
www.planeta.cl

Colombia
Calle 73, 7-60, pisos 7 al 11
Bogotá, D.C. (Colombia)
Tel. (571) 607 99 97
Fax (571) 607 99 76
Mail: info@planeta.com.co
www.editorialplaneta.com.co

Ecuador
Whymper, N27-166,
y Francisco de Orellana
Quito (Ecuador)
Tel. (5932) 290 89 99
Fax (5932) 250 72 34
Mail: planeta@access.net.ec

México
Masaryk 111, piso 2.°
Colonia Chapultepec Morales
Delegación Miguel Hidalgo 11560
México, D.F. (México)
Tel. (52) 55 3000 62 00
Fax (52) 55 5002 91 54
Mail: info@planeta.com.mx
www.editorialplaneta.com.mx
www.planeta.com.mx

Perú
Av. Santa Cruz, 244
San Isidro, Lima (Perú)
Tel. (511) 440 98 98
Fax (511) 422 46 50
Mail: rrosales@eplaneta.com.pe

Portugal
Planeta Manuscrito
Rua do Loreto, 16-1.° Frte.
1200-242 Lisboa (Portugal)
Tel. (351) 21 370 43061
Fax (351) 21 370 43061

Uruguay
Cuareim, 1647
11100 Montevideo (Uruguay)
Tel. (5982) 901 40 26
Fax (5982) 902 25 50
Mail: info@planeta.com.uy
www.editorialplaneta.com.uy

Venezuela
Final Av. Libertador con calle Alameda,
Edificio Exa, piso 3.°, of. 301
El Rosal Chacao, Caracas (Venezuela)
Tel. (58212) 952 35 33
Fax (58212) 953 05 29
Mail: info@planeta.com.ve
www.editorialplaneta.com.ve

Grupo Planeta

Diana es un sello editorial del Grupo Planeta www.planeta.es